A Flor no Tibete

A Flor no Tibete

Camila R. C. Merola

TRIOM

Centro de Estudos Marina e Martin Harvey
Editorial e Comercial Ltda.
2ª Edição – São Paulo – 2013

Direitos desta edição reservados a
TRIOM – Centro de Estudos Marina e Martin Harvey
Editorial e Comercial Ltda.
www.triom.com.br / editora@triom.com.br

Revisão: Ruth Cunha Cintra e Helena Heloisa Wanderley Ribeiro
Fotos do arquivo particular da autora: © Camila R. C. Merola
Ilustração da capa: TamdingArts
Capa e editoração eletrônica: Casa de Tipos

Dados Internacionais de Catalogação na Publicação (CIP)
(Câmara Brasileira do Livro, SP, Brasil)

Merola, Camila R. C.
A flor no Tibete / Camila R. C. Merola. - São Paulo: TRIOM, 2012.
ISBN 1ª edição: 978-85-85464-94-3
ISBN 2ª edição: 978-85-8357-000-4
1. Budismo - Psicologia 2. Budismo - Tibete 3. Experiência de vida
4. Filosofia budista 5. Sofrimento - Aspectos religiosos - Budismo
6. Superação I. Título

12-15354 CDD-294.3923

Índices para catálogo sistemático:

1. Experiência de vida: Narrativas pessoais: Psicologia budista tibetana e psicologia transpessoal 294.3923

Dedico os méritos deste trabalho ao mestre Léo Matos.
Continuamos juntos.

Introdução

A Flor no Tibete é a história da busca de uma alma por si mesma.

O desejo de encontrar-se no mais profundo do seu ser, de uma forma verdadeira e sincera, faz com que Camila encontre aos poucos o seu poder interior para tomar as decisões necessárias para sair em busca dos seres e lugares que poderiam refletir o seu interior e assim permitir que ela se reconhecesse... A vida lhe presenteou com momentos e encontros maravilhosos que ela soube reconhecer, apreciar e imortalizar através de seus relatos.

A flor de lótus é a flor que no Tibete representa esta transformação da dor vivida através do outro e que, refletida em si, faz com que surja um amor muito profundo e capaz de transformar-se e iluminar um pouquinho mais este mundo onde vivemos.

A Flor no Tibete continua desabrochando através da coragem de cada um que se presta a cultivá-la... Sim, como a flor de lótus, ela nasce da dor, da aceitação e reconhecimento das nossas sombras, do mergulho mais profundo e solitário, para, só então, surgir na sua beleza e esplendor supremos encantando e confortando os corações! Ela dá sentido à vida mesmo que muitas e muitas vezes a percamos de vista...

Mas sabemos que ela existe e somos capazes de, cada vez mais, retornar ao seu encontro... Aprendemos aos poucos a reconhecer o caminho.

Agradeço a Camila por este presente e pela grande honra de apresentar este livro para você. Presenciei, por certas vezes, o carinho com que foi trabalhado, as dores do "parto" e a vontade desta alma preciosa em comunicar coisas lindas e delicadas que a ela foram se desvelando. Compartilhamos momentos de alegria e dor, especialmente quando da partida do meu marido, Léo Matos, no final de 2011. Camila foi a minha força, o meu suporte maior; é lindo ver como ela é capaz de estar no lugar certo e no momento certo, e sua entrega e força nesses momentos é admirável!

Espero que este livro possa ser capaz de beneficiar muitos e muitos seres e que as pessoas possam compreender a profundeza do olhar, do brilho que acompanha as palavras e da doçura singela das expressões e paisagens que na mente se formam através da leitura!

Que todos tenham paz e encontrem as causas da vida de harmonia, prosperidade e alegria, sendo um com o todo e experienciando felicidade duradoura!

Belo Horizonte, primavera de 2012

Ana Maria Borges Couto

Psicoterapeuta Transpessoal
e organizadora dos cursos de
Psicologia Transpessoal e Budista Tibetana
em Dharamsala, Índia, desde 1994, pela
Associação Brasileira de Psicologia Transpessoal

1. O mistério da morte

Desde minhas mais antigas memórias, percebo que ficou marcado algo que hoje reconheço como meu maior encantamento: a capacidade de superação do homem. Creio que foi esta a motivação que me levou a cursar graduação em Psicologia, pós-graduação em Neuropsicologia e, no período subsequente, trabalhar com pacientes numa enfermaria de oncologia de um hospital em Brasília.[1]

Inicialmente, os pacientes chegavam ao hospital para investigação da doença, diagnóstico e possível tratamento. Como equipe, nos preparávamos para recebê-los da melhor maneira possível. Nossos encontros, em sua maioria aconteciam, como não podia deixar de ser, numa atmosfera de tensão e medo. Caso confirmada a doença e indicado o tratamento, acontecia a primeira reunião entre os profissionais da equipe, o paciente e seus familiares para conversar sobre o diagnóstico. Lembro-me da expressão no rosto deles, pareciam estar diante de um leão. Era a inevitável angústia que chegava através da notícia de uma doença grave.

---

[1] Rede SARAH de Hospitais do Aparelho Locomotor.

Aquele sofrimento, do qual vivemos tentando fugir ou nos esquivar, estava ali. E tinha o poder de tocar a realidade e mudá-la completamente.

Assim aconteceu com uma garota de vinte e dois anos. Ela era alta, morena, tinha um lindo e cativante sorriso. Chamá-la-ei Jasmim... a doçura da flor de jasmim me faz lembrar dela. Jasmim morava no Maranhão com seu marido e um filho de dois anos de idade, por quem ela era apaixonada. Seus pais, a irmã e um sobrinho viviam vizinhos a ela. Um dia começou a sentir dores em uma das pernas. Depois de vários exames soube que tinha um câncer. Com a notícia, a sugestão de enfrentar o tratamento em uma cidade distante por cerca de um ano. Jasmim e sua irmã se mudaram para Brasília. No interior do Maranhão ficaram filhos, família e vários sonhos. No hospital, elas relembravam suas rotinas e suas preocupações corriqueiras com saudade. Diante da nova realidade era preciso se adaptar. Mas para isso era preciso aceitar; e talvez tenha sido esta a grande dor. Elas viviam o sofrimento de tudo mudar.

O episódio que envolveu Jasmim me fazia pensar que a dificuldade maior não era a adaptação. Os pacientes tinham uma tendência natural a se adaptar. Mas resistiam em aceitar. Era como se a aceitação significasse admitir, concordar com a doença e a possibilidade de morte. Como eles poderiam aceitar o que não conseguiam entender? A falta de entendimento do processo da morte, na minha percepção, levava os pacientes a uma dor que eu chamaria de sofrimento do grande questionamento.

Recordo-me das mães dos pacientes buscando incansavelmente uma explicação. Elas contavam as histórias de seus filhos, desde o nascimento, e não encontravam justificativa lógica para estarem vivendo tamanha dor. Então, com frequência recorriam à religião cristã, que exorta o conformismo de que o nosso destino é traçado por um ser supremo, Deus. As crianças me perguntavam: por que Deus fez isso comigo? Prevalecia uma sensação de desamparo.

Não um desamparo de Deus, pois Ele representava sua fé. Mas um desamparo, sim, dos dogmas religiosos impostos. Era como se a iminente possibilidade da morte os despisse de tudo que era superficial ou sem sentido. Ao mesmo tempo em que causava certa sensaçao de desproteção, esse processo parecia nos aproximar da essência, do que existe de mais profundo dentro de nós.

No cotidiano daquela enfermaria, eu compartilhava de indescritíveis processos de sofrimento. Mais do que a dor em si, chamava-me a atenção as demonstrações diárias de superação daquelas pessoas. O mesmo paciente que um dia falara que preferiria morrer a perder sua perna, meses depois, arriscava-se a andar de bicicleta com a prótese. Não havia um dia em que não se superassem. Na minha fantasia eles eram verdadeiros super-heróis.

A história do referido termo 'super-herói' começou com a convivência com um paciente. Chamá-lo-ei Dinho. Ele tinha mais ou menos sete anos de idade, era esperto, alegre e gostava de super-heróis. Durante o tratamento, continuava estudando e brincando. Eu o acompanhava também em procedimentos como curativo e aplicação de injeção, momentos em que ele chorava muito.

Ao longo do tratamento Dinho parecia fortalecer-se; chorava menos e era como se pudesse lidar melhor com sua dor. Como estratégia ele segurava minha mão, ou a de sua mãe, e respirava profundamente, estufando o peito como que se preparando para enfrentar o sofrimento. Aquilo sempre me emocionava. Um dia, depois de mais uma demonstração de sua força, eu disse a Dinho que ele também estava sendo um super-herói. Um super-herói forte e corajoso, que enfrentava muitas batalhas; e o chamei de super-Dinho. Ele gostava deste apelido e sorria quando era chamado assim. Venceu cada etapa com muito esmero e, dias antes de morrer, me disse: "Tia, não quero mais ser chamado assim. Não quero mais ser super, quero descansar." E pediu para sua mãe ficar bem, pois ele estaria bem.

O sofrimento parecia desafiar seu alicerce mais profundo, podendo fazer brotar em seu lugar uma força imensurável. A cada dia se fortalecia em mim a ideia de que o sofrimento traz consigo um potencial positivo, pois à medida que nos aproxima da nossa verdade, nos fortalece e contribui para nosso processo de evolução. Encontrava nas palavras de Nietzsche[2] o conforto de compartilhar meus pensamentos, que através de suas palavras expressam não só uma ideia, mas estão carregadas de experiências do próprio filósofo, como cita em duas passagens:

"Doença? – não estaríamos tentados a nos perguntar se podemos passar sem ela? O sofrimento, apenas o grande sofrimento, liberta o espírito em última instância, ensina a grande *suspeita*, ele que transforma todos os U em X, um verdadeiro X, um autêntico X, isto é, a antepenúltima letra antes da letra final (...) Não acredito que tal sofrimento nos faça 'melhores'... mas sei que nos torna mais *profundos*." (Nietzsche, 1995, p 132)

Ainda em *Ecce Homo* (p 13) o autor complementa:

"Aquele Eu mais ao fundo, quase enterrado, quase emudecido sob a constante *imposição de ouvir* outros Eus (– isto significa ler!), despertou lentamente, tímida e hesitantemente – mas enfim *voltou a falar*. Nunca fui tão feliz comigo mesmo como nas épocas mais doentias e dolorosas de minha vida."

Durante os atendimentos, os pacientes e suas famílias diziam que antes da doença acontecer, não imaginavam que tivessem força suficiente para suportar tal realidade. E, no entanto, foram surpreendidos por sua própria capacidade de superação. Reconhecidos seus méritos, paradoxalmente atribuíam suas conquistas a um ser supremo responsável por tudo. Muitos deles não se permitiam ressaltar sua autovalorização, advertindo que sua boa sorte vinha de Deus.

Para mim era no mínimo inquietante perceber que quando os pacientes enxergavam seus méritos, eles reconheciam sua capacidade de lidar com a dor, o que os fortalecia, ao passo que confiá-las a um ser supremo os fragilizava, muitas vezes levando a um sentimento de injustiça e vitimização. Partindo do pressuposto de

---

[2] Friedrich Nietzsche, alemão do século XIX. Foi um dos filósofos que mais se aprofundou no tema 'sofrimento', subjacente a toda sua obra.

que as crenças religiosas devem antes de tudo ajudar seus seguidores, eu questionava os reais benefícios de certos dogmas cristãos.

As indagações a respeito dos temas (mais especificamente: a não existência de um ser supremo criador, o sofrimento e a superação do sofrimento) me acompanhavam e instigavam meu desejo de 'pensar sobre'. Além das avaliações, diagnósticos e tratamento psicoterápico, minha postura frente ao processo de sofrimento adquiria um caráter de investigação filosófica. O eco vindo das palavras 'esperança', 'superação', 'super-homem' me remetiam a Nietzsche. Minha mente projetava imagens de Zaratustra,[3] que descia das montanhas para anunciar a todos os que perderam o sentido da vida, a grande esperança, a necessidade de o homem investir em si mesmo e se superar. Identificava-me com a ideia de que para lidar com o sofrimento era necessário investir na força interior, que a meu ver era um tesouro.

Em suma, a convivência com o mistério da morte me fazia questionar a postura do homem diante do sofrimento e o reconhecimento do significado da vida. Minha hipótese principal era de que, ao tomar consciência da possibilidade da morte, o homem se aproximava de sua essência. Como dizia Don Juan ao antropólogo Carlos Castañeda[4] em seu livro *Viagem a Ixtlan:*

"A morte é a única conselheira sábia que possuímos. Toda vez que sentir que está tudo errado e você está prestes a ser aniquilado, vire para sua morte e pergunte se é verdade. Ela lhe dirá que está tudo errado; que nada importa realmente, além do toque dela." (Castañeda, 1997, p 48)

O que eu chamo aqui de 'essência', ou o que há de mais profundo no ser humano, determinava então sua postura diante do sofrimento. Esta postura ou pensamentos, emoções e ações assumidas por cada um, podiam proporcionar tanto um

---

[3] Zaratustra, personagem que dá nome ao livro *Assim falava Zaratustra*, 1884.

[4] Castañeda, Carlos. *Viagem a Ixtlan*. Record: Rio de Janeiro, 1997, p. 48

mergulho num mundo de emoções aflitivas, quanto um processo de superação.

Persistentes diálogos internos me permitiram reconhecer a existência da morte como catalisadora do nosso processo evolutivo. Se estar consciente do fim desta existência traz consigo o potencial de nos despertar para o significado da vida, não deveríamos esperar que a doença ou a hora da morte nos conduzisse a isso. Já que todos nós vamos morrer, e essa é uma certeza inevitável, podemos nos beneficiar desta consciência desde já.

Naquela época redescobria *O Livro Tibetano do Viver e do Morrer* e um parágrafo específico me era fonte inspiradora:

"Estar consciente da morte como um aspecto da vida nos ajuda a tomar consciência do real valor da nossa existência. De acordo com a sabedoria do Buda, podemos realmente usar nossas vidas para nos prepararmos para a morte. Podemos começar, aqui e agora, a encontrar o significado da vida. Desde que nascemos, podemos fazer de cada momento uma oportunidade para mudar e nos preparar – dedicadamente, de modo precioso e com paz de espírito." (Sogyal Rinpoche, p 29, 2002)

Sentia-me encorajada a seguir em busca de outras formas de pensar, agir, viver. O desejo de compreender melhor a dor e sua relação com o sentido essencial da vida me motivou a participar do Curso Intensivo em Psicologia Budista Tibetana e Psicologia Transpessoal[5] em Dharamsala, na Índia. Ir para o Oriente era a representação concreta do meu desejo de me abrir para o novo e aprender novas formas de perceber o sofrimento.

[5] Dr. Léo Matos, Ph. D, durante dezesseis anos ministrou anualmente o Curso de Psicologia Budista Tibetana e Psicologia Transpessoal em Dharamsala, Índia.

2. A viagem

Chegamos à capital Nova Delhi aproximadamente a uma hora da madrugada. No dia seguinte partimos rumo ao norte, para Dharamsala. Viajamos durante o final da tarde e toda a noite. Quando nos aproximávamos do nosso destino, o dia começou a clarear. Era uma estrada sinuosa, entre vales e riachos cercados de densas florestas de pinho. À medida que subíamos, era possível ver as cores vibrantes dos templos, levemente escondidos pela neblina. Senti a frequência da minha respiração mudar. Lá estava Dharamsala, uma cidade encravada na cordilheira do Himalaia.

Eu não sabia o que poderia encontrar. Sabia que ali vivia SS o Dalai Lama e parte do povo tibetano exilado na Índia após a invasão chinesa. Nunca havia lido nada sobre o budismo tibetano ou o Dalai Lama. Meses antes de partirmos para a Índia, no dia 10 de março de 2008, li algumas notícias sobre o que acontecia no Tibete. O jornal dizia:

"Os protestos começaram com a manifestação de monges budistas que pediam pela libertação de outros monges, presos desde outubro de 2007 quando

celebravam no Tibete a entrega da medalha de ouro a SS o Dalai Lama no Congresso dos EUA. Os protestos acabaram por adquirir um caráter de violência quando os soldados chineses reprimiram as manifestações atacando grupos étnicos tibetanos, culminando em incêndios e saques. O governo chinês divulgou que dezenove pessoas morreram nos motins, enquanto que os tibetanos no exílio afirmaram que mais de cem pessoas morreram nesses protestos violentos."

Um texto de introdução histórica sobre a invasão chinesa relatava:

"O Tibete foi alvo de investidas militares da China entre 1949 e 1950. O que até então era uma região independente foi ocupada pelo governo comunista chinês. A ação militar deixou, segundo o site da organização ITIM (Organização Internacional para a Independência do Tibete), dez mil mortos. Em 1950, SS o Dalai Lama, Tenzin Gyatso, assumiu o poder político no país. Seus esforços para se chegar a uma solução pacífica foram frustrados pela política brutal da China contra o Tibete. Desde então o governo comunista chinês reprime com violência qualquer manifestação contrária à sua presença no Tibete, resultante de uma política de genocídio cultural."[6]

A realidade do povo tibetano é marcada pela perda do seu país, invadido e anexado pela China, e cuja população corre o risco de ser exterminada. Diante desta realidade, eu imaginava encontrar pessoas no mínimo tristes ou revoltadas. Mas eu, assim como grande parte dos ocidentais que busca conhecê-los, tive muitas surpresas.

---

[6] The Office of Tibet, New York, Central Tibetan Administration, International Tibet Independence Movement. <http://www1.folha.uol.com.br/folha/mundo/ult94u382491.shtml>

3. O encontro

Lembro-me exatamente da primeira vez que eu vi os tibetanos. Estávamos hospedados numa casa onde viveu a mãe de SS o Dalai Lama e onde hoje seu irmão e cunhada alugam alguns quartos para as pessoas mais próximas a eles, como o Dr. Léo Matos e seus alunos. Era localizada numa montanha à beira de um bonito vale, entre a Dharamsala alta e a baixa. Um colega de curso nos convidou para caminhar até Dharamsala alta, ou McLeod Ganj. No caminho ele nos contou que lá ficava o monastério e residência de SS o Dalai Lama, a maioria das escolas, casas e o comércio tibetano. Paramos de conversar durante a íngreme subida, e foi quando comecei a ouvir os cânticos. Era uma só canção entoada por várias vozes. Era uma canção terna e forte, uma emoção inesquecível. Quando nos aproximamos da vila, nós os vimos. Eram monges e tibetanos caminhando em fila com uma vela na mão, cantarolando juntos.

Perguntamos o que estava acontecendo e nos disseram que eles estavam rezando pelas vítimas do ataque contra os tibetanos, ocorrido em 10 de março. Os estrangeiros que fotografavam freneticamente penduraram suas câmeras, pega-

ram uma vela e entraram na procissão. E assim também o fizemos. Era inevitável. Ali, em meio àquelas vozes em prece, senti uma emoção indescritível. Eu não entendia o que eles diziam, mas não parecia um canto de lamentação. Eu sentia como um hino de união, que elevava minha consciência como eu nunca havia sentido antes.

Desde então, todos os dias ao final da tarde eu ia para a *Kora*[7] no monastério Namgyal. Um dia, lá chegando percebi que estava acontecendo algo diferente. Eles tinham parado de rezar pelas vitimas tibetanas e estavam rezando e jejuando pelos chineses, vítimas de um terremoto que acontecera na noite anterior. Era difícil acreditar que eles rezavam pelo povo que invadiu seu país, matou mais de um milhão e meio de pessoas e explodiu noventa por cento dos monastérios. Segundo a justificativa dos tibetanos, os chineses também eram parte de nós, já que somos todos parte de um mesmo universo.

Dias depois tivemos a oportunidade de participar de uma conferência com o

[7] *Kora* é tanto um tipo de peregrinação quanto um tipo de meditação na tradição budista tibetana. É realizada através de uma caminhada em torno de um templo, estupa ou local sagrado.

primeiro ministro do Tibete, Lama[8] Samdhong Rinpoche. Questionamos sobre a postura dos tibetanos diante da violência exercida pelos chineses. Ele respondeu dizendo que o lado negativo da situação atual é que os tibetanos estão sofrendo muito. O lado positivo é que a cultura e tradição tibetanas puderam se espalhar pelo mundo nos últimos cinquenta anos e SS o Dalai Lama pode oferecer ensinamentos em inúmeros países. "Se o Tibete fosse independente talvez não estivéssemos juntos aqui e agora; esta é uma boa oportunidade de interagirmos, o que contribui para paz mundial individual." Complementou falando sobre uma prática da tradição budista chamada *Tonglen:* "Através desta prática você pode oferecer sabedoria aos líderes chineses e, então, pegar de volta a ignorância deles e transformá-la em amor". Procurei saber mais sobre o método e li no *Livro Tibetano do Viver e do Morrer*:

"*Tonglen* se traduz como o princípio fundamental do ser humano: dar e receber, por meio de um dos veículos básicos da nossa sobrevivência e relação de troca com o universo, a respiração. Através de um exercício meditativo, dar é representado pela expiração e receber pela inspiração. Iniciamos essa prática recebendo em nós mesmos a dor do sofrimento do outro. Quando expiramos, enviamos boa energia ou o que quer que lhe traga alívio e felicidade." (Sogyal Rinpoche, 2002, p 32)

Ainda sobre o ataque chinês, na semana seguinte li uma mensagem de SS o Dalai Lama ao povo tibetano: "Por maior que seja a vossa veneração pelos mestres tibetanos e o vosso amor pelo povo tibetano, não falem mal dos chineses. As chamas do ódio só podem ser apagadas pelo amor e, se o fogo do ódio não se apagar, é porque o amor ainda não é forte o suficiente."[9] O colega tibetano que me mostrou o jornal complementou: "se os chineses sentem ódio e enviamos mais ódio para eles, esse sentimento cresce e nos prejudica ainda mais, prejudica a todos, na verdade".

---

[8] Lama é um mestre do budismo tibetano.

[9] Mensagem de SS o Dalai Lama em 25 março de 2008, *in* Dalai Lama, Free Tibet: http://caminhodomeio.wordpress.com/category/free-tibet/

Dentro de mim, esta fala se conectou com a lembrança de uma conferência ministrada por Ngari Rinpoche, mestre do budismo tibetano e irmão mais novo de SS o Dalai Lama: "independentemente do que o outro faça, mantenha sua mente em equilíbrio. Mantendo sua mente em equilíbrio, você produz pensamentos e atitudes positivas." Aqueles ensinamentos eram para mim inspiradores. Sentia-me bem ao imaginar como seria viver essas crenças e acreditei que elas pudessem, enfim, fortalecer o propósito da felicidade e do bem comum.

Ao contrário do que eu supunha, e apesar do drama vivido, o povo tibetano não parecia sentir-se miserabilizado diante do sofrimento. Mundialmente conhecidos como *easy-going*, alegres, honestos e bons, eles pareciam compreender a realidade de outra forma e, talvez por isso, lidassem com a dor de maneira diferente. Era muito cedo para formar ideias ou mesmo levantar hipóteses. O que eu tinha eram muitas perguntas: O que fazia com que o povo tibetano tivesse uma postura não só pacífica como também de compaixão aos que no ocidente chamaríamos inimigo? Quais crenças os sustentavam para que não se sentissem injustiçados e rebeldes diante das adversidades da vida? Como compreendiam o sofrimento?

A partir de um crescente desejo de me aprofundar nessa busca, durante o curso de Psicologia Budista Tibetana e Psicologia Transpessoal e conferências com líderes tibetanos, eu aprendia mais sobre o budismo, o principal sistema de crenças dos tibetanos. O sofrimento é um dos principais temas abordados pela filosofia budista.[10] Uma das bases do pensamento filosófico budista acredita que todos temos dentro de nós a semente *bodhi*, a semente da iluminação, e todos nós temos condição de cultivá-la a nosso favor e dar fim ao sofrimento.

Agradava-me também a ideia de que os ensinamentos budistas não partiam de um Deus superior ou um santo milagreiro, mas de um homem corriqueiro que se libertou do sofrimento por si mesmo. Acusa-se, frequentemente, o budismo de desconhecer a existência de Deus, e por isso não deve ser considerado uma religião. (Medeiros, 2001)

"O budismo não cria um Deus *a priori*. Ele trabalha filosoficamente a nossa realidade e a une indissoluvelmente à Realidade Última dos Fenômenos, e conclui que sem esta não haveria explicação e fundamento para a primeira. Na realidade, o Supremo manifesta-se pelo mundo dos fenômenos, por mais efêmeros, mutáveis, sem substância e vazios que sejam ou que aparentem ser."[11]

Além de explorar filosoficamente temas sobre os quais eu vinha questionando, atraíam-me as ideias relacionadas à não existência de dogmas religiosos, à atribuição de responsabilidade a cada um e a todos, e especialmente à manifes-

---

[10] A filosofia budista é originária dos ensinamentos de Sidarta Gautama, que era uma pessoa comum, com todas as falhas básicas e as fraquezas de um ser humano. Nasceu em uma família real, era casado e tinha um filho. Mais tarde, porém, entrou em contato com a natureza sofredora e insatisfatória da vida, através de encontros inesperados com pessoas atormentadas por doenças, velhice e morte. Profundamente perturbado com o que via, o príncipe deixou o palácio, renunciando ao conforto e à proteção da vida principesca. Seguiu então uma busca pela compreensão da dor e do sentido mais profundo da vida, que finalmente resultou no pleno despertar, ou iluminação: a Condição de Buda. (Winters, 1994)

[11] Medeiros, André Luiz. *Budismo de A a Zen: um guia para o mar da sabedoria.*

tação de Deus enquanto parte que permeia o todo. Ou, como cita Penzo sobre a concepção nietzschiana do tema:

"Sendo assim, o divino não é uma coisa separada do homem, tampouco uma realidade para fora de si e que tem poder de manipulação, mas o divino e o humano se encontram no ato contínuo e ininterrupto de superação do objeto conhecido e, por conseguinte, na consciência do não-poder em relação ao não-objeto, isto é, ao nada." (Penzo, 1999)

Eu vivia a felicidade do encontro entre minhas perguntas e um campo de possibilidades de respostas. Minha atitude de gratidão pelos ensinamentos recebidos me impelia a querer ajudar o povo tibetano de alguma forma. Foi assim que surgiu a oportunidade de trabalhar numa creche tibetana chamada ROGPA – Baby Care Centre,[12] com os bebês tibetanos refugiados em exílio na Índia. Em período alternativo às atividades da creche, frequentei cursos sobre 'morte e impermanência' e sobre o filósofo Nagarjuna e os aspectos filosóficos do budismo na *Library of Tibetan Works & Archives*.[13]

Pela manhã, os ensinamentos sobre a filosofia oriental budista nos instigavam a ouvir atentamente e, depois, verificar o sentido daquele aprendizado em nossa vida. No período da tarde, no trabalho com os bebês, eu convivia com as crianças, pais e educadores, e compartilhava da relação entre eles. Os frutos das minhas observações na creche e conversas informais com tibetanos se conectavam com os ensinamentos advindos dos cursos e das leituras noturnas. Eu podia ver a prática do budismo no dia a dia dos tibetanos, atuando aparentemente de forma eficaz e positiva.

---

[12] ROGPA – *Baby Care Centre* é uma creche gratuita que oferece um ambiente seguro e divertino, além de cuidados e refeições diárias a mais de quarenta crianças afim de permitir que as familias tibetanas de baixa renda lutem para vencer seus obstaculos diários.

[13] *Library of Tibetan Works & Archives* é um centro de estudos e pesquisas do Budismo Tibetano, em Dharamsala, Índia.

4. O contato com os bebês tibetanos

Um dia, um bebê acabara de acordar e o colocaram em um andador, na minha frente. Ele chorava muito. Talvez porque quisesse colo ou pelo incômodo que causavam seus sintomas de gripe. Eu logo fui tomada pelo impulso latino-americano: pegá-lo, abraçá-lo. Fui advertida a não fazê-lo. Uma das educadoras colocou o bebê na sua frente, posicionando-o de maneira que ele pudesse olhar em seus olhos. Com as duas mãos, ela apoiava a parte de trás da cabeça do bebê. Ao mesmo tempo em que usava seus polegares para enxugar as lágrimas da criança, ela massageava seu rosto. A entoação de sua fala era intensa e de conteúdo positivo. Era como se ela o ajudasse a recobrar sua consciência que naquele momento havia sido tomada pela emoção, com a intenção de dar fim ao choro, ao sofrimento. O bebê parecia compreendê-la, acalmou-se e aos poucos voltou a brincar.

Como budistas, os tibetanos creem na lei do *karma*. Segundo SS o Dalai Lama (2006, p 28):

"Karma significa 'conjunto de ações'. Do ponto de vista da sua execução, existem ações físicas, verbais e mentais. Já no que diz respeito aos seus efeitos, elas são virtuosas, não virtuosas ou neutras. Em relação ao tempo, existem dois tipos: ações de intenção, que ocorrem enquanto estamos pensando em fazer alguma coisa, e ações operativas, a expressão das motivações mentais através da ação física ou verbal. O fato de essas ações se tornarem boas ou más vai depender, sobretudo, da motivação."

Segundo a *lei do karma*, boas ações geram bons resultados, assim como ações negativas produzem resultados ruins. A partir da crença de que somos responsáveis por nossas ações e pelo fim do nosso sofrimento, no caso mencionado, se o bebê associasse a carícia de um educador ao fim de seu sofrimento, ele poderia criar a ilusão de que o outro é responsável por seu conforto interno, o que estabeleceria uma relação de dependência e consequentemente uma possibilidade de frustração. Os educadores assim justificavam: "dar colo não resolve o problema", ou a causa do sofrimento. E complementavam dizendo que é melhor não oferecer a um o que não posso oferecer a todos, e não dar hoje o que eu não poderei dar amanhã. A proposta dos educadores incluía ensinar as crianças a ativar seus recursos internos a fim de diminuir suas dores ou incômodos.

Eu observava que, na relação com as crianças, os educadores e familiares raramente demonstravam afeto através de abraço ou beijo. O contato físico acontece com diferentes significados. Um exemplo era quando faziam os bebês dormirem batendo levemente em suas testas. Outro momento acontecia após a troca de fraldas quando davam um tapinha no bumbum dos bebês dizendo algo como: "vá, prossiga", incentivando-os a continuar suas atividades. Os educadores costumam bater na mão dos bebês com objetivo de chamar-lhes a atenção por um mau comportamento. E de forma breve, mas intensa, afagam um bebê que por ventura se machuque. Assim eu percebia a diversidade de manifestações de afeto assumidas culturalmente pelo homem.

À primeira vista me pareceu que os adultos falavam pouco com as crianças. Eu não os via falando com elas enquanto caminhavam pelas ruas, nem durante longos percursos a pé. Mas percebia que para falar com as crianças, os pais e professores costumam se abaixar ou levantá-la, posicionando-se frente a frente. Até mesmo com os bebês conversavam de igual para igual. Usavam palavras mais simples e falavam mais devagar, no entanto não mudavam o tom de voz nem usavam diminutivos. O ato de dirigir-se a uma criança sem utilizar-se de uma linguagem infantilizada parecia estar relacionado com a capacidade do adulto em reconhecer a sabedoria que existe nela independentemente do seu tamanho ou idade. Os adultos dirigiam-se às crianças com atenção a elas, e esta era sua principal forma de manifestação de afeto.

Era curioso o fato de raramente sermos solicitados pelos bebês. Por exemplo, quando um deles chorava, mesmo que de longe, um outro ouvia e se aproximava. Então observava atentamente o que estava acontecendo e na maioria das vezes agia limpando as lagrimas do colega ou levantando-o do chão. Era interessante que o bebê que chorava, acolhia o amigo que vinha ajudar e aceitava sua ajuda. Eles se entendem na grande maioria das vezes, talvez por se sentirem confiantes o suficiente para tal.

Era hora de alimentar as crianças. Quando entendi o movimento das educadoras com os bebês percebi que cada uma de nós deveria alimentar cinco bebês quase simultaneamente. Elas os colocaram em semicírculo na minha frente, cada um com sua tigelinha e um paninho no colo. Lembrei-me daquelas cenas de mães tentando acertar a colher na boca do bebê que podia espalhar a comida, chorar, se esquivar, e imaginei que seria impossível aquela tarefa. Uma professora se aproximou, falou que seria mais fácil se eu desse uma colherada para cada um em sequência e no final os limpasse com seus paninhos e colocasse dentro da tigela. Para meu espanto eles ficaram quietos, comiam e esperavam sua vez. No final vi que eles gostariam de comer mais, mas não tinha. Eu os limpei, coloquei o pano na tigela e, para um espanto maior ainda, engatinhando cada um levou a sua cuia com o pano até a cozinha.

paco rabanne
PARIS

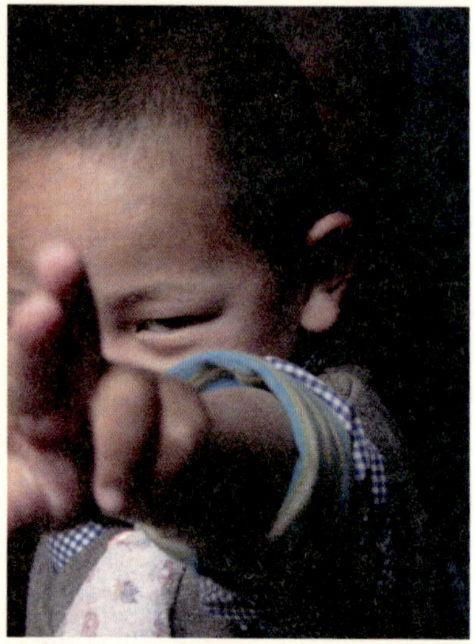

Após o lanche distribuíamos um brinquedo para cada criança. Se alguma criança queria o brinquedo do outro, ela tentava trocar com ele. Se este não aceitasse a troca, ela buscava conseguir outro brinquedo com outra criança e então oferecia novamente ao colega. E se após várias tentativas ela ainda assim não conseguisse o brinquedo, tentava pegá-lo contra a vontade e algumas vezes se beliscavam e se mordiam. Quando isso acontecia, geralmente um terceiro intervinha fazendo feições de desgosto por aquela situação, o que chamava a atenção da maioria das crianças. Rapidamente o bebê que teria se comportado mal recuava e ficava num canto da sala, sério.

O modo como os bebês se vestem, seu cabelo, a aparência física de modo geral, assim como seus nomes, são indiferenciados entre homens e mulheres. Eles não usam acessórios femininos ou masculinos. A falta de pistas quanto ao gênero do bebê, inicialmente, nos instigava a observá-lo melhor. Assim, a tendência era interagir com ele ou ela a partir de suas individualidades. Então eu entendi porque os adultos não se dirigiam a uma criança exaltando características de menino ou a menina, e sim considerando as peculiaridades de cada um. Naquela cultura, cuidar de si parecia ter conotação com investimento interno.

As crianças costumavam acompanhar o movimento das formigas ou insetos durante vários minutos. Não era raro observá-las tentando salvar um besouro ou separando brigas entre os insetos. As crianças tibetanas são educadas a nunca maltratar os animais, os homens ou qualquer ser senciente. Os educadores acreditam na importância de auxiliar os alunos a desenvolver atitudes e intenções corretas, as quais se referem à abstenção de ações não virtuosas e à motivação de sempre beneficiar os demais. Isto deve produzir uma consciência de unicidade, a consciência de que eu não sou "eu" simplesmente, e sim parte integrante do universo, diante do qual me sinto responsável. Chogyam Trungpa em *Shambala, a trilha sagrada do guerreiro* (1984, p 130) cita:

"Quando os seres humanos perdem sua relação com a natureza, com o céu e a terra, deixam de saber nutrir seu ambiente ou como governar o mundo – o que sig-

Starter

JON SON

nifica a mesma coisa. Os seres humanos destroem a ecologia ao mesmo tempo que destroem-se uns aos outros. Dessa perspectiva, a cura da sociedade segue de braços dados com a cura da nossa relação pessoal e elementar com o mundo fenomenal."

Lembrando-me do que Dr. Léo Matos dizia sobre as semelhanças entre Psicologia Budista Tibetana e a física moderna, encontrei em um de seus artigos:

"O padrão da Psicologia Budista Tibetana está bem perto dos padrões expostos pela física moderna, especialmente os padrões que se esforçam em apresentar uma visão integrada da teoria de quantum e relatividade. Aqui o universo inteiro (matéria e energia) é uma entidade dinâmica em constante mutação dentro de um todo indivisível. No seguinte contexto Capra (1975) diz: *Na física moderna, o universo é então experienciado como um todo dinâmico, inseparável, que sempre inclui o observador de uma maneira inseparável. Nesta experiência, os conceitos tradicionais de tempo e espaço, de objetos isolados, de causa e efeito, perdem seu significado*. É este significado de unicidade e transitoriedade que forma a base da Psicologia Budista Tibetana. O Universo, ou melhor, o multiuniverso, é transitório; tudo aqui nasce, amadurece, deteriora, morre e é transformado (renasce) em alguma outra coisa." (Matos, *Introdução à Psicologia Budista Tibetana*)

Buscando aprofundar-me sobre este tema, li o livro *O mundo do Budismo Tibetano, uma visão geral de sua filosofia e prática*, onde SS o Dalai Lama relata que há no budismo quatro maneiras de examinar as diferentes categorias dos fenômenos, os quatro princípios. O segundo deles refere-se ao princípio da dependência que, assim como os outros, assemelha-se, em muitos aspectos, a certas teorias da física subatômica relativas à natureza das partículas.

Há trechos do tantra *Kalachakra*[14] que dizem que partículas de espaço, ou partículas compostas de espaço, são a origem de toda a matéria do universo. No nível

[14] *Kalachakra* é um termo sânscrito usado no budismo tântrico que literalmente significa "tempo ciclo" e refere-se também à divindade do budismo tântrico tibetano e seus ensinamentos.

subatômico, quando essas partículas se agregam, juntando-se para formar objetos e interagindo com outros tipos de partículas, encontramos o principio de dependência em ação. E, também, quando há uma interação de diferentes tipos de partículas químicas, resultando em diferentes propriedades emergentes. (Dalai Lama 2001, p 79)

Checando este conceito na prática, compreendi que, se eu me percebo como conectado ao todo, entendo que a intenção e as características dos meus pensamentos e ações se ligam direta e indiretamente a todos os outros seres. Eu não só influencio como também sou influenciado. À medida que eu faço o bem ao outro, estou fazendo o bem a mim mesmo. Se estamos interligados pela mesma teia, sentirei a vibração emitida independentemente do nosso grau de parentesco, cor, localização ou tempo. Este conceito de unicidade, quase que instantaneamente nos remete ao amor verdadeiro e à bondade, o que o budismo chama de compaixão: desejar, intuir, tomar consciência daquela ação e agir para o bem, a todos os seres sencientes, incondicionalmente.

Na mesma obra (p 128), SS o Dalai Lama explora importantes obras da filosofia budista como *Bodhicaryavatara* (Guia para um modo de vida Bodhisattva).

Segundo ele, Santideva[15] pondera que, embora haja diferentes partes em nosso corpo como cabeça, membros etc, quando se trata de protegê-las, não há diferença entre elas, pois são igualmente partes do mesmo corpo.

Do mesmo modo, todos os seres sencientes têm essa tendência natural – desejam atingir a felicidade e livrar-se do sofrimento – e, quando se trata dessa inclinação natural, não há qualquer diferença entre todos os seres. Por conseguinte, devemos refletir sobre essa questão e nos empenhar seriamente no sentido de dissolver a atitude que considera a nós mesmos como sendo separados e distintos dos outros. O mesmo vale para nosso direito natural, a felicidade: assim como temos o direito de ser felizes e livres do sofrimento, todos os demais seres vivos têm o mesmo direito natural. Onde fica, então, a diferença? Na quantidade de seres sencientes envolvidos. Quando falamos do nosso bem, estamos falando do bem de um só individuo, ao passo que o bem dos outros engloba o bem-estar de um número infinito de seres. Por essa perspectiva, podemos entender que o bem dos outros é muito mais importante que o nosso próprio. Se o nosso bem e o dos outros fossem inteiramente desvinculados e independentes entre si, poderíamos encontrar alguma justificativa para negligenciar o bem dos outros. Pensando assim a importância de trabalhar pelo bem dos outros emerge naturalmente.

O bem que busco para mim se amplia quando o desejo e o pratico para o bem dos outros. A prática dos conceitos de equanimidade e interconexão entre todos os seres permite uma postura menos hostil e competitiva do homem na relação com o outro e o mundo. Os ensinamentos dos mestres budistas esclareciam para mim um princípio da educação tibetana "Os outros antes de si mesmo", que, à primeira vista, parecia estranho para quem num cotidiano ocidental, do capitalismo e da globalização, estava acostumada com lemas como "cuide de você em primeiro lugar".

---

[15] Santideva ou Shantideva foi um erudito budista indiano do oitavo século na Universidade Nalanda e um adepto da Madhyamaka, filosofia de Nagarjuna.

OTHERS BEFORE SELF

6. Educação para a vida

Nessa época eu lia um livro de SS o Dalai Lama, *Minha Terra e Meu Povo*, uma autobiografia que relata a história do Tibete, a invasão chinesa e o exílio. Contava que uma das principais exigências de SS o Dalai Lama no exílio foi que os tibetanos tivessem uma escola e um abrigo que acolhesse as crianças que vinham do Tibete. Desde então foi fundada a Tibetan's Children Village, com objetivo de promover educação e treinamento profissional, e fortalecer a cultura tibetana.

Agendamos uma visita ao TCV. Fomos recebidos pelo diretor, Sr. Phuntsok. Enquanto mostrava o colégio, ele nos contava sobre os objetivos da escola, as crianças e como funcionava. "Os ensinamentos budistas fazem parte da educação. É importante ser um homem bom e cultivar boas qualidades no ser humano. Tentamos trabalhar a raiva. O que queremos desenvolver? Bons ou maus aspectos? É importante dar o exemplo para as crianças. É importante também trazer a filosofia para a prática ressaltando a lei do *karma*: boas ações, bons resultados." Segundo ele o budismo na escola não acontece formalmente ou através de aulas específicas. Ele acontece no dia-a-dia, fora da sala de aula. "As crianças não matam animais. O meio provê isso a eles, ser bons uns com os outros, todos mostram isso aos alunos. Bom senso é o bem. É preciso lembrá-los da importância de serem bons, e os ensinamentos ajudam a lembrá-los."

Enquanto o diretor buscava a chave para abrir o 'templo' da escola, em meio às minhas anotações encontrei o que Ngari Rinpoche nos havia dito sobre a relação com as crianças. "É algo universal ter pai e mãe. O que muda é nosso meio ambiente e a relação de uns com os outros. Países diferentes têm regras diferentes. Algumas delas são universais, a estrutura familiar em si é semelhante. Com o processo de industrialização, cada um está ocupado demais com seus afazeres e tem pouco tempo para conviver com os outros. Quando chega em casa, assiste TV e não tem um relacionamento 'normal' com a família. Esse modo de viver não é compatível com um viver harmonioso. Quando se dá ênfase à individualidade, criam-se problemas. O perigo da tecnologia é separar as pessoas. Precisamos aprender a viver com as pessoas, entre a família. A criança procura *video-game*, por exemplo, procurando algo interessante no meio. Mas *video-game* é uma atividade individual, é melhor procurar atividades nas quais elas se envolvam socialmente também. Tanto as crianças como nós procuramos coisas interessantes para fazer no ambiente onde estamos. Nesse processo de busca podem acontecer coisas perigosas, como apego ao 'eu' e ao 'meu', o que se torna o principal problema. O que consideramos o 'eu' agora é um 'eu' falso na maior parte do tempo. Quando temos uma ideia muito forte do 'eu', nós nos separamos do resto do mundo."

Abrindo a porta, o Sr. Phuntsok disse que usam aquele espaço em determinadas datas. "As crianças rezam pela manhã e à noite. É essencial que eles entendam o significado da oração e identifiquem o sentido daquilo na vida deles. De que modo você quer agir? Do bom ou do mau jeito?" Os educadores ensinam 'treinamento da mente e valores morais' em todas as aulas, no dia a dia. "É mais que aprender teoria. É viver aquilo, criar esse ambiente."

Segundo o Sr. Puntsok, na escola o budismo é abordado em três categorias. Enquanto psicologia, ciência da mente ou treino da mente, que não tem a ver com

religião ou fé, mas com experimentos científicos, isto é, como algo a ser questionado. "Quando você está mentalmente triste, você fica triste fisicamente." O segundo aspecto do budismo é o filosófico e o terceiro é religioso. Complementou dizendo que a fé, sozinha, é perigosa. É preciso ter conhecimento integrado para estar consciente. Enfatizou também a importância de 'prestar atenção', no sentido de estar atento ao aprendizado. Quando um aluno está agitado ou em algum tipo de conflito, ele vai para o 'canto da paz', onde pode ficar quieto, em silêncio, e acalmar a mente. "Refletir sobre as ações está relacionado ao autocontrole."

Com um olhar triste, contou que nos anos anteriores chegavam mais crianças vindas do Tibete. A cada dia tem mais soldados chineses nas montanhas, procurando, prendendo e torturando os tibetanos que tentam ir para o exílio na Índia. Um dos maiores objetivos da escola é manter a identidade e a cultura viva. "Só assim os tibetanos não morrerão. O objetivo de estar aqui é se fortalecer e ser a voz do povo que está no Tibete e não pode falar. Educação é a chave, é a única forma de prover igualdade à sociedade." E finalizou dizendo: "O mundo está ficando pequeno para a quantidade de pessoas. Teremos que nos aproximar, e a interdependência é óbvia. Assim veremos e conviveremos com as necessidades uns dos outros."

O diretor do TCV então sentou conosco e respondeu às perguntas que nosso grupo de brasileiros fazia com entusiasmo. O encantamento era unânime. Eu disse a ele sobre meu interesse pela educação tibetana, e ele sugeriu que eu lesse o livro *Tibet: my history*, de Jestun Pema, irmã de SS o Dalai Lama, que dirige o TCV desde a morte de sua irmã mais velha, Tsering Dolma Takla, a fundadora do TCV. Em uma das passagens desse livro, ela ressalta a importância de se transmitir valores espirituais às crianças na vida diária. Em sua rotina, as crianças rezam antes das refeições, fazem prostração, que é um gesto de reverência profunda a entidades ou mestres budistas, e cantarolam orações enquanto brincam. Desde seu nascimento as crianças acompanham os pais em suas práticas espirituais. Citando as palavras de Ngari Rinpoche, "a vida espiritual e as atividades da vida diária devem estar integradas".

A cada dia eu aprendia um pouco mais sobre os valores propostos pelos educadores. E, na relação com os bebês, percebia essas crenças serem plantadas e cultivadas. As conversas com tibetanos adultos, ex-alunos do TCV e de outras escolas tibetanas confirmavam a qualidade dos frutos. Agora, com aproximadamente trinta anos de idade, eles agradeciam a oportunidade de ter estudado e se referiam à escola como uma grande mãe. Grande parte deles trabalhava ou prestava serviço para alguma escola tibetana. Os dirigentes da creche onde eu trabalhava eram um exemplo disso. Eles também eram órfãos, haviam estudado no TCV e hoje serviam à comunidade. Um dos principais lemas da escola é *"Come to learn, go to serve"* ou "venha aprender e vá servir".

7. A qualidade dos frutos

Eu gostava de ir a um restaurante tibetano onde serviam um delicioso *chow-mein*.[16] Um dia estava sentada sozinha esperando a refeição. Um jovem tibetano se aproximou, perguntou se podia sentar-se, já que não havia outra mesa. Começamos a conversar. Seu nome era Tashi. Como eu demonstrava interesse em saber sobre os tibetanos e o Tibete, ele começou a contar. Aos nove anos de idade sua mãe chamou-o e disse que o melhor que ele tinha a fazer era manter sua cultura, o budismo e seguir os ensinamentos de seu líder espiritual. Então seus familiares reuniram as economias da família para pagar uma pessoa que sabia o caminho do Tibete à Índia, onde vivia SS o Dalai Lama, para conduzi-lo e a outras crianças com mais segurança. Assim como a maioria dos tibetanos, os pais de Tashi não tinham dinheiro suficiente para pagar pela condução de mais de uma pessoa até a Índia. Eles escolhiam as crianças devido à importância que atribuíam à educação. Sua mãe preferiu que ele fosse educado por sua cultura e

[16] *chowmein* é um tipo de macarrão.

filosofia, mas longe dela, a viverem juntos no Tibete e severamente reprimidos pela China.

Tashi levantou-se para fazer o pedido e eu me recordei das palavras de Ngari Rinpoche: "se as crianças tiverem bons valores, sólida e positiva moral, mesmo se não seguirem seus pais, elas terão um lema em que se basear". Novamente recordei-me do que disse em sua conferência sobre a família: "Uma coisa importante nessa relação é que às vezes os pais pensam que os filhos pertencem a eles. Nós nos apegamos e achamos que eles são nossos. Eles vieram ao mundo e são pessoas por eles mesmos. O principal é a comunicação. Se você considera seu filho como uma outra pessoa, e um amigo, essa é chave para se ter bom relacionamento na família. Não consideramos a criança como uma pessoa pequena mas como um outro ser humano. Na família tibetana, a criança se aproxima de um grupo de adultos e é ouvida. A criança também ouve. As crianças são bem recebidas e considera-se importante a aproximação entre elas e os adultos. Se ficamos muito apegados a elas, irão 'comandar'. O principal é não ter sentimento de ser proprietário."

Tashi sentou-se e depois de certo silêncio continuou a contar. Disse que não pôde mandar noticias quando chegou do Tibete. Depois de três anos conseguiu que uma de suas cartas chegasse a sua mãe. Ela havia ficado todo esse tempo sem lavar o rosto e o cabelo, e, achando que ele tinha morrido, o incluía na oração dos mortos. Tashi conseguiu voltar ao Tibete em 2007, com vinte e cinco anos de idade. Disse que achou que já havia esquecido como era ter uma família. Mas, segundo ele, foi muito rápido se relembrar. No segundo dia já se sentia em casa, acostumou-se com amor dos pais e era como se nunca tivesse saído de lá.

Eu perguntei como ele conseguiu manter os valores de sua cultura mesmo longe de seus pais e de seu país. Ele respondeu: "O Dalai Lama e o povo tibetano são minha família". Hoje Tashi é compositor e cantor de músicas que falam sobre a libertação do Tibete. Com entusiasmo contou sobre sua mais recente canção, que falava sobre amor e dizia: "se você puder ir ao Tibete, pode levar uma carta minha aos meus pais? Eu gostaria de enviá-la pelas águas do rio ou nas asas de um pássaro, mas não saberia onde ela poderia chegar."

Ficamos por algum tempo em silêncio, estávamos os dois emocionados. Ele levantou a cabeça e com os olhos lacrimejados me falou: "Tenho sentimentos antagônicos quando falo sobre minha história. Por um lado sinto orgulho de meus pais, por terem feito o que fizeram por mim. Por outro sinto tristeza pelos que não puderam chegar a salvo, pelos que estão lá e pelas dificuldades vivenciadas aqui no exílio."

Assim como Tashi, conheci tibetanos que carregavam em suas histórias algo em comum: haviam deixado seu país, família e amigos, e caminhado pelas altas montanhas do Himalaia por mais de um mês, rumo a SS o Dalai Lama e a possibilidade de viver suas crenças com liberdade. Eles demonstravam a satisfação de exercer sua cultura e afirmavam ter valido a pena qualquer esforço nesse sentido.

Um deles me contou que durante a expedição do Tibete para Índia, perderam-se pelo caminho, e a viagem que havia sido planejada para trinta dias já passava dos quarenta. A comida acabou. Fazia muito frio e eles não conseguiam dormir. De dentro da barraca ouviam-se os ruídos das montanhas e, com medo das prováveis avalanches, ele pensava: "Eu posso morrer no próximo minuto". Depois de alguns dias avistaram um grupo de estrangeiros alpinistas. Eles se aproximaram e tentavam perguntar algo. Ele não entendia. Só dizia 'Dalai Lama' com as mãos juntas em frente ao peito. Os estrangeiros lhes deram comida, roupa, 'tudo que eles tinham', e olhando nos meus olhos ele disse: "Camila, eu sei que posso nunca mais ver essas pessoas, nem ao menos sei o nome delas, mas eu rezo por elas todos os dias da minha vida". Olhou as cicatrizes em seus braços e disse sorrindo: "Já aconteceu muita coisa com o meu corpo e eu nunca morri. Na verdade eu sobrevivi mais vezes do que morri!". E deu uma gargalhada.

Eu continuava participando do *kora* que acontecia às segundas-feiras. Por volta das dezoito horas, as pessoas, em sua maioria tibetanos, começavam a se reunir. Cada um pegava sua vela e seguia em procissão. Há meses eu ouvia aquela música ou oração que eles cantavam juntos, e para mim tinha um encanto especial. Cantarolava-a em minha mente durante toda a semana e sentia vontade de saber pronunciá-la. Enquanto acendia a vela, vi um tibetano no cortejo que cantava alto e claramente. Logo me posicionei ao seu lado e disse que prestaria atenção nele, pois queria aprender. Em meio a tantos tibetanos eu tentava imitar suas vozes timidamente enquanto Tamding falava: "Aumente essa voz. Para aprender você precisa se ouvir, sua voz tem que sair do coração." Se eu abaixasse o volume ele olhava para mim e repetia: "mais forte". E assim eu consegui, não aprender a música como pensei que seria, mas me transformando nela, sentindo sua energia e a de todos que a evocavam.

Entendi finalmente porque *kora* significa meditação. Em estado elevado de consciência chegamos ao monastério Namgyal, onde todos sentavam juntos no pátio para ouvir a transmissão das notícias vindas do Tibete. Já acostumada com o estilo tibetano, também descalcei as sandálias e nelas me sentei. Era tão emocionante estar ali, sentir a concentração de cada um que esperava notícias de casa, sua terra-mãe, as quais infelizmente não eram nada boas. Em seguida um grupo de jovens que participa do movimento "Free-Tibet" apresentou um vídeo com cenas verídicas dos ataques chineses e a reação pacífica dos tibetanos. Sem exagero, foram algumas das cenas mais tristes que já vi, não só as que passavam na tela, mas também as que se refletiam no rosto de cada um. Mais uma vez, não pude controlar o choro. Ao final, eles cantaram o hino do Tibete e de longa vida ao Dalai Lama, que com sua força e emoção acalmavam meu coração. Em silêncio, minhas lágrimas corriam involuntariamente. A caminho da saída Tamding tentava me consolar com sorriso e palavras positivas. Disse que eu precisava de um chá e que compraríamos verdura para o jantar.

A metade de sua pequena casa era ocupada por instrumentos musicais, telas e tintas. Ele tocava todos eles e os chamava de 'bons companheiros'. Perguntei sobre as pinturas e ele contou que eram fruto de um bom aprendizado em sua vida. Ele havia sido aluno do Instituto Norbulinka,[17] dedicado a transmitir e restaurar padrões, fornecendo educação, formação e emprego para os tibetanos, além de oferecer um ambiente em que valores da comunidade e da família tibetana possam florescer. Conciliando a criatividade tradicional e respeito pelo moderno, Norbulinka visa criar uma consciência internacional dos valores tibetanos e sua expressão na arte e na literatura.

Enquanto eu preparava os legumes Tamding fazia a massa explicando como deveria ser a *thugpa*.[18] "Onde você aprendeu a cozinhar?", eu perguntei. "É uma longa história." Quando era criança, Tamding e sua mãe foram do Tibete à Índia caminhando pelas montanhas do Himalaia. Até os dez anos não pôde estudar, pois sua mãe estava doente. Ele precisava ajudá-la e cuidar da casa. "Um dia ela faleceu e eu pensei: e agora, o que eu vou fazer? Pedi emprego em um restaurante como ajudante na cozinha, foi assim que aprendi a cozinhar."

Depois de finalizado os estudos no TCV, Tamding formou-se no Norbulinka. Além de músico também desenhava, confeccionava camisetas e *slogans* do movimento "Free-Tibet", e estava aprendendo a tatuar. Além de toda a história, era extasiante ver o quanto ele era alegre e divertido. Como se pudesse perceber meu encantamento, ele finalizou dizendo: "Quando eu me olhei e vi que estava sozinho nesta vida, pensei: se eu não for divertido, nem eu mesmo vou me suportar". O que mais me enlevava naquelas histórias é que diante de uma situação de conflito, não era o tamanho da dificuldade que definia se eles se comportariam bem ou mal, se corromperiam seus valores ou não; era a resposta que vinha de uma consulta interior, às suas crenças mais profundas.

---

[17] http://www.norbulingka.org/

[18] *Thugpa* é uma sopa de macarrão tibetano.

O curso de Psicologia Budista Tibetana e Psicologia Transpessoal acontecia no monastério Gadon. No caminho entre o monastério e a casa onde estávamos hospedados havia um hospital onde eram tratados e moravam tibetanos doentes e com sequelas de agressões de ataques chineses. Um dia voltando do curso eu subia à pé quando vi vários tibetanos nas calçadas segurando incensos acesos. Na porta do hospital estavam muitos pacientes, vários deles segurando porta-soro e sondas, outros acamados ou em cadeira de rodas. Logo imaginei como poderia estar sendo difícil para muitos deles estar ali, mas seus rostos demonstravam paz e certa alegria. Perguntei o que estava acontecendo e um deles me respondeu que SS o Dalai Lama passaria por ali. Eu nunca o havia visto, nem lido suas palavras, mas senti vontade de ficar. Logo eles se posicionaram lado a lado, ao longo de toda rua. Cada um segurava uma *kata*[19] e me convidaram a com eles compartilhar. A partir daquele momento passei a não mais pensar, só sentia. Uma energia contagiante cuja vibração se elevava até que todos se curvaram estendendo as *katas* e ele chegou. Apesar dos seguranças que o rodeavam, também curvado e com as mãos junto ao peito, SS o Dalai Lama olhava nos olhos de cada um. Eu nunca poderia descrever a emoção que senti, meu coração pulsava em todo corpo, que diante de tão única sensação transbordava em choro. Quando percebi, algumas pessoas tocavam meu ombro e perguntavam se eu estava bem, se queria um chá ou me sentar. Respondi que nunca havia me sentido tão bem! Era choro de felicidade!

Depois tive noticias que SS o Dalai Lama estava em seu monastério com os lamas e monges se preparando para os próximos ensinamentos que aconteceriam no TCV. Em meio à realidade vivida pelo Tibete e os tibetanos, todas as tentativas de busca de apoio de outros países, viagens e ensinamentos em todo

[19] *Kata* é uma echarpe branca usada para saudação, um símbolo auspicioso. Acredita-se que confere positividade para o início de qualquer relacionamento e indica as boas intenções da pessoa que o oferece. A oferta do *kata* indica o pedido de não ser perturbado por pensamentos corruptos ou segundas intenções.

mundo, SS o Dalai Lama priorizava os ensinamentos às crianças tibetanas e iria pessoalmente a sua escola por cinco dias. Enfim eu pude ver a prática do que é investir na educação das crianças, nosso futuro. Eles vieram do Tibete para seguir seu líder espiritual, e ele os valorizava através de sua presença em ensinamentos públicos, conversas individuais agendadas, bênção e participação em *pujas*[20] e preparações de *pílulas tibetanas*.[21]

Aos domingos, eu e dois colegas tibetanos trabalhávamos no restaurante de outro amigo. Combinamos de nos encontrar no dia seguinte pela manhã bem cedo para caminharmos juntos até o TCV para os ensinamentos. Saindo da cidade entramos numa linda trilha montanhosa repleta de eucaliptos. Pelo caminho eles cantavam canções tibetanas. Um cantava e outro lá na frente continuava e assim a maioria dos tibetanos percorria aquele caminho durante todos aqueles dias. Tsering me contou sobre o significado de algumas músicas e disse que cantando assim eles vieram caminhando do Tibete. "Pelas montanhas cantamos assim. Cada um que continua a música é sinal de que está por perto e bem."

Sua Santidade começou dizendo que era um simples monge e que falaria sobre uma introdução ao budismo. Num grande pátio em frente a ele sentaram-se cerca de trezentos alunos, depois outras crianças e tibetanos, além dos indianos e ocidentais. Era impressionante ver mais de mil crianças concentradas nas palavras dele. Naquele dia o rádio que transmitia a tradução em inglês não estava

---

[20] *Pujas* são orações e bênçãos realizadas pelos monges a fim de harmonizar as energias das pessoas, casas, local de trabalho ou novos projetos. A sua realização favorece o sucesso e a sorte dos participantes e melhora a qualidade de vida. Estas são práticas para aumentar a fé e a energia no caminho espiritual. As pujas são acompanhadas de oferendas às deidades, Budas, Bodhisattvas e protetores, a fim de remover todos os obstáculos, negatividades e falta de harmonia.

[21] Essas pílulas tibetanas, usadas na medicina tibetana, são feitas de ervas e pedras preciosas, uma receita muito antiga cuja produção requer um conhecimento muito preciso sobre a influência das estrelas e dos planetas no crescimento e colheita das plantas medicinais. Normalmente elas são colocadas em um creme ou na água, que funcionam como veículo para sua energia sutil, e são usadas nas bênçãos.

funcionando. Desisti de querer entender o que ele dizia e passei a ouvir o som de sua voz entre muitos momentos de gargalhadas acompanhadas pelas crianças. Meus amigos tibetanos gentilmente tentavam me explicar os ensinamentos. Para além de todo aprendizado era bom estar ali, simplesmente.

No calendário tibetano, na lua cheia de Touro é realizada a celebração máxima do Budismo, o Festival de *Wesak*, em homenagem ao Senhor Gautama. Os tibetanos e budistas acreditam que há ciclos no fluxo e refluxo das energias espirituais, com os quais os grupos, tanto quanto os indivíduos, podem conscientemente cooperar. Um dos principais ciclos de energia coincide com as fases da Lua, alcançando seu pico, sua maré alta, durante a Lua Cheia. Este é o tempo, portanto, em que a canalização da energia, através da meditação grupal, pode ser eficaz de maneira ímpar. Era mês de maio no calendário ocidental, e por vários dias, ainda antes de amanhecer, ouviam-se os instrumentos e cânticos tibetanos, o som das *pujas* vindas dos monastérios. Aquela sonoridade ao longo de todo o dia, ressoando de diferentes locais e altitudes, parecia provocar um estado interno de silêncio e atenção, o que causava uma sutil e agradável mudança no meu estado de consciência, um sentimento de elevação.

No dia seguinte seria comemorado o aniversário de Buda. Pela manhã, quando caminhava para a *Library*, fiquei impressionada. As ruas de McLeod Ganj estavam cheias de pessoas sentadas no chão, pedindo esmolas. Eram indianos, a maioria portadores de hanseníase. Perguntei para um indiano o que estava acontecendo. Ele disse que naquele dia os tibetanos costumam fazer doações. "Eles não doam somente o que não gostam ou não querem mais, eles doam o que tem de melhor. E já sabendo disso, indianos de várias partes da Índia vem para Dharamsala." Alguns dias depois encontrei no livro *Bondade, amor e compaixão*, de SS o Dalai Lama, tal citação:

"Dentro do budismo, essa é a melhor de todas as atitudes abnegadas. Quando tal altruísmo se transforma em ação, passamos a praticar as seis perfeições: generosidade ou doação, ética, paciência, esforço, concentração e sabedoria. A generosidade pode ser praticada de três maneiras: oferecendo-se recursos, doando-se o próprio corpo e dando-se as raízes da virtude. O mais difícil e importante é dar as próprias raízes da virtude. Quando possuímos um forte senso de generosidade e dedicamos aos outros nossas raízes virtuosas, não mais buscamos recompensas para nós. Embora o simples ato de doação possa ser realizado por aqueles que procuram o próprio benefício, a generosidade de um Bodhisattva não está absolutamente envolvida com o egoísmo."

Chegou o tempo de *monsoon*.[22] O diretor e professores da creche convidaram para um jantar em agradecimento ao trabalho voluntário. Em uma grande panela cozinhávamos *momo*[23] quando começou o barulho de chuva e trovões. A energia acabou e jantamos à luz de velas. Ao final, o coordenador se ofereceu para me acompanhar até em casa, pois segundo ele aquela chuva era perigosa, costumava derrubar árvores e trazer em sua enxurrada pedaços de objetos e lixo. Quando chegamos à pousada, estava tudo escuro com algumas velas acesas. Todos os hóspedes, fora de seus cômodos, se movimentavam de um lado para o outro. A água tinha invadido e inundado todos os quartos. Dois funcionários que lá trabalhavam, e eram bons amigos, me convidaram para ficar com eles na recepção até que conseguíssemos chegar ao meu quarto sem molhar a vela. Como naquela manhã eu havia encontrado um escorpião dentro da minha bota, achamos melhor esperar por ali, pois outros animais peçonhentos vêm através da água.

Nos dias seguintes chovia sem parar. Os bebês teriam férias, já que não poderiam ir à escola, pois suas fraldas de pano não secavam. Acompanhando o fluxo de

---

[22] *Monsoon* é tradicionalmente definido como um vento sazonal acompanhadas por mudanças sazonais na circulação atmosférica e precipitação associada com o aquecimento assimétrica de terra e mar. Em geral, monção é o termo usado para se referir à fase chuvosa de um padrão sazonal de mudança, ventos combinados com chuvas fortes em várias áreas equatoriais como a Índia.

[23] *Momo* é um tipo de bolinho originário do Tibete.

muitos tibetanos que saem de Dharamsala nesta época, visitamos cidades pertencentes ao 'caminho de Buda': Varanasi e Sarnath, onde Buda deu seus primeiros ensinamentos, e Bodhgaya,[24] onde se iluminou. Além de turistas e praticantes budistas estivemos com muitos tibetanos em peregrinação, vindo de varias partes da Índia e do Nepal. Nas semanas seguintes estive em assentamentos e escolas tibetanas em Dehradun e Mussoorie. Nestes lugares eu sentia certo alívio e proteção. Era como se a agitação das populosas cidades indianas encontrasse uma atmosfera de silêncio e paz; além da incrível sensação de a cada instante estar aprendendo, sempre um pouco mais.

---

[24] Para os budistas, Varanasi ou Benares, e Sarnath Bodh Gaya são importantes locais de peregrinação relacionado a Gautama Buda. Em 2002 o complexo do Templo Mahabodhi de Bodh Gaya se tornou um patrimônio da humanidade da UNESCO.

8. O teto do mundo, the roof of the world

No curso de massagem tibetana[25] eu vi na parede a foto de uma paisagem maravilhosa. Era um lago azul esverdeado cercado de montanhas com picos cobertos de neve. Perguntei que lugar era aquele e Wangmo,[26] o professor e bom amigo, respondeu: "Lago Tso Moriri em Ladakh. É como o Tibete, a maioria dos tibetanos exilados mal pode esperar a temporada em que a estrada é aberta para ir até lá." Explicou-me que a região é montanhosa, de elevada altitude e baixíssimas temperaturas a maior parte do ano. O acesso se torna possível de julho a outubro, quando os vegetais crescem e é possível caminhar pela cidade e se preparar também para receber os estrangeiros. Wangmo disse que aqueles lagos e montanhas o ajudavam a 'sentir-se em casa'.

Desde então ouvi vários tibetanos falando sobre Ladakh e aumentava minha

---

[25] Massagem tibetana é uma das formas mais antigas de massagem encontradas na terra. É uma especialidade entre seis tipos de terapias externa encontradas no gyud-zhi, um clássico da medicina tibetana.

[26] Wangmo e seu irmão também vieram caminhando do Tibete pelas montanhas do Himalaia e, com menos de 30 anos de idade, trazem consigo inúmeras histórias de luta e coragem.

vontade de ver de perto uma região que já fizera parte do Tibete. Agendei minha partida logo que o acesso à estrada foi permitido. Era a segunda estrada mais perigosa do mundo. Passamos por caminhos de mais de cinco mil e quinhentos metros de altitude. Pela janela víamos carros e ônibus caídos ladeira abaixo. Estar na rodovia mais alta do mundo, em meio ao Himalaia, possibilitava uma visão difícil de explicar. Era uma infinita cadeia de montanhas tão enormes que as nuvens ficavam aos seus pés.

Chegamos à capital Leh por volta de meia noite. No outro dia pela manhã, caminhando eu sentia os sintomas da alta altitude. A cidade era cercada por montanhas marrons, as mais altas e distantes cobertas de neve em meio a um céu azul. Visitei algumas agências de turismo[27] que ofereciam passeios àquele lago que vi na foto de Wangmo, Tso Moriri,[28] onde só era possível chegar em carro com tração quatro por quatro. Fui até a única agência tibetana e soube que, além daquele, eles iriam para outro lago vizinho onde comemorariam o aniversário de SS o Dalai Lama com o povo nômade tibetano. Senti-me muito feliz pela boa sorte desse encontro e a possibilidade de participar da comemoração com eles.

Fui para casa, consegui emprestado uma barraca e um saco de dormir, e no dia seguinte bem cedo nos encontramos na rua principal de Leh. O tibetano que seria o motorista e futuro amigo, tinha parentes nômades que encontraríamos no lago. Fomos juntos comprar frutas e legumes para levar, já que, segundo ele, lá não é possível cultivar quase nada. Apesar de ser também uma 'estrangeira', não me sentia à vontade com outros estrangeiros. Já convivia com os tibetanos há quase seis meses e me acostumei facilmente com a rotina de trabalho, momentos de silêncio e poucas palavras, boas conversas e gargalhadas. Não tinha tanta sau-

---

[27] http://www.indiamart.com/tibettrailandtour/

[28] Lago Tso Moriri em Changthang (significado literal, planícies do norte), é uma área de 4.595 m de altitude em Ladakh, na Índia. É o maior dos Lagos de Altitude na região biogeográfica Trans-Himalayan, cercado pelo Ladakh ao Norte, a leste pelo Tibete e Zanskar a oeste.

dade do Brasil ou do ocidente que me fizesse querer falar sobre isso, tampouco tinha informações turísticas para compartilhar. Instintivamente sentei-me na frente com Tsering e conversamos bastante em meio àquela paisagem tão rara.

O lugar era muito mais incrível do que eu pensava. Estava no platô tibetano, diante do lago sagrado. Era tão bonito quanto seco e árido. Em poucas regiões era possível cultivar algum grão ou vegetal. Eles criam iaques[29] e cabras, e deles se alimentam, constroem suas tendas e roupas. Armamos as barracas, fizemos fogueira, cozinhamos e comemos à luz de velas. O violão passava por mãos e vozes de diversos lugares do mundo. Cantamos juntos e nos divertimos como velhos amigos. Antes de dormir, o silêncio, e com ele a percepção de novos sons, o cheiro e sensação única de estar no 'topo do mundo'. Ainda antes de amanhecer ouvi várias cabras caminhando juntas. Ao sair da barraca vi um tibetano conduzindo-as montanha acima. Ao final da tarde os avistei voltando. Quando olhei para direita vi que descia um caminho de água vindo da cadeia montanhosa, era água do degelo que após um dia de sol chegava até as pessoas e os animais que ali viviam. A partir daquele dia comecei a perceber e sentir claramente a beleza dos ciclos da natureza e sua relação com os homens em seu estado mais puro.

A cerimônia de aniversário de SS o Dalai Lama foi singela e profunda. Quando eles começaram a cantar o hino do Tibete e o de longa vida ao Dalai Lama, olhamos para o céu e vimos um arco-íris circundando o sol. Os estrangeiros demonstraram espanto e os tibetanos sorrindo disseram que é comum fenômenos naturais acontecerem naquela data.

Depois da corrida de cavalo, alguns deles dançaram em roda cantando baixinho em respeito às vitimas de 10 de março, evento citado anteriormente.

De lá era ainda mais difícil conceber como aquele povo, que vivia isolado

[29] O iaque é um bovino de pelagem longa encontrado na região do Himalaia.

pelas montanhas cuidando de seus animais, do trigo e cevada, recitando mantras[30] de compaixão, podia ter sido tão brutalmente atacado que tivera que se espalhar por um mundo além das montanhas que muitos nem imaginavam existir.

Voltando à cidade, jantava com dois amigos tibetanos quando um homem os cumprimentou e se aproximou de nós. Ele era obviamente tibetano. Tinha o cabelo longo, a pele queimada e envelhecida como os nômades que visitamos. Senti vontade de conhecê-lo e conversar com ele. Apresentou-se e, para minha alegre surpresa, tinha o apelido de 'Pelé', pois era bom de bola. Era também um dos professores mais antigos do TCV, um dos fundadores do TCV Ladakh e responsável pela biblioteca. No outro dia nos encontramos e ele me levou para conhecer a escola e alguns assentamentos tibetanos. Eu estava certa quanto à primeira impressão que tive: ele tinha muita história para contar.

Eu queria saber mais. Queria saber sobre o Tibete, sobre as crianças, sobre o que ele quisesse me contar. Depois de dois dias fui até o TCV e ele não estava. Quando o encontrei, disse que não tinha estado na escola, pois a biblioteca estava fechada. As crianças estavam lendo as escrituras do Buda. "Elas leem as escrituras por dois dias durante o período de aula, cerca de seis horas. Leem todos juntos e em voz alta." Eu perguntei: "Os professores não trabalham em sala de aula durante esses dias?" "Não."

"Os alunos ficam sozinhos, lendo as escrituras juntos e em voz alta por cerca de seis horas?" "Sim."

Eu perguntei novamente: "O professor não precisa estar lá com eles, supervisionando-os?" Ele disse: "O professor? Por quê? Tudo o que eles precisam é saber ler, falar em voz alta e ficarem sentados. E isso eles sabem fazer."

---

[30] Mantra: 1) ritual iniciático e fórmula usada em ambos hinduísmo e budismo como uma forma de meditação e oração. 2) uma sílaba que, quando pronunciada ou pensada repetidamente, ajuda a ter acesso à mente mais íntima e influenciá-la. O mantra mais famoso é *Om mani padme hum*, o mantra do Bodhisattva da Compaixão. Repetir essas palavras e imaginar-se na forma deste Bodhisattva, ajuda a liberar gradualmente a compaixão inata universal. (Jesun Pema, *Tibet: My Story*)

Sentia vontade de anotar tudo o que ele dizia e lhe pedi permissão. Eu queria compartilhar aquele aprendizado com outras pessoas e nunca mais esquecer. Aproveitei esses dias em que os professores não estavam em aula para conversar com eles sobre a relação com os alunos, e a filosofia da educação. Desde então o visitava diariamente.

Ele descrevia como era a vida em Ladakh e no Tibete durante os outros meses do ano. "Além da altitude, é muito seco e frio, com fortes ventos e muita poeira no ar. O inverno passado foi rigoroso. Temos tido dificuldade de cultivar vegetais e, enquanto a estrada não abre, as mercadorias e os alimentos de outras cidades não podem chegar até aqui. Nos piores meses a eletricidade não funciona, é difícil se lavar e usar a água devido à sua temperatura." Eles passam a maior parte do tempo e dormem juntos em volta do fogão de lenha. As crianças estudam à luz de vela cuja chama é bem fraca por causa do nível de oxigênio reduzido.

Pelé narrava as características do lugar como fatos, não como reclamações ou conflitos que perturbassem sua vida lá. Para ele era clara a sua missão. "Os professores exercem sua profissão com muita seriedade. O professor pode ser considerado um deus, ou até mais que isso. Eles podem ajudar pessoas a se iluminar. Ainda que eles não sejam iluminados, eles podem alimentar os alunos e ajudá-los nesse processo de evolução." Pelé disse também que costuma pedir aos seus alunos que não considerem suas características pessoais. "Eu posso ser o pior professor desta escola, não olhe para mim. Mas abra-se para o que eu estou dizendo. Eu estou contando a vocês sobre meus estudos e minhas experiências de vida. Ouça, abra-se para esse aprendizado e depois investigue! Confira! Você só saberá se aquilo é verdade para você ou não se você checar. Tente, cheque e então você saberá." Ressaltou que costuma não 'ensinar' os alunos, mas a dar-lhes conselhos sobre os ensinamentos budistas e a relação destes ensinamentos com experiências de vida. Todas as lições, todos os textos ensinados na escola, seja qual for a disciplina, estão relacionados com os ensinamentos budistas.

No outro dia Pelé me convidou para conhecer os monastérios nos arredores de Leh. Chegou para me buscar em sua moto, que segundo ele era especial, pois fora construída artesanalmente! Não prestei atenção aos detalhes, só vi que o invólucro de alguma parte do motor era uma caixa de leite. Visitamos monastérios antigos, construídos desde o sec. XIII, além de vilas e assentamentos tibetanos. Na volta ele me avisou que tínhamos gasolina só para a ida, por isso voltaríamos com o motor em ponto neutro. Deixamos a moto em sua casa (os professores do TCV vivem em comunidade na mesma área da escola) e ele me convidou para tomar um chá. Depois de algum tempo de silêncio, ele veio com as duas canecas e começou a me contar. Pelé disse que depois que se exilou na Índia, foi ao Tibete caminhando por duas vezes para visitar sua família. Numa dessas viagens, no caminho de volta, ele e um monge foram presos pelos chineses. Relatou alguns detalhes dos momentos de tortura e os vários tipos de tortura que viveu até o soltarem. "Para mim foi importante conhecer o que acontece do lado de lá." Perguntei o que ele achava disso tudo e ele respondeu: "O erro é deles, não nosso. Quem está errando, fazendo más escolhas, são eles." O povo tibetano diz que por mais dolorido que seja o seu sofrimento, eles não carregam o peso da escolha de um caminho ruim.

Outra característica que a meu ver é comum aos tibetanos com quem convivi, refere-se à impressionante maneira com que eles contam histórias tristes, mas sem caráter de vitimização. Falavam bravamente, olhando nos meus olhos. Talvez por isso não provocassem o sentimento de pena ou dó, e sim admiração.

Sobre a situação dos tibetanos, eu perguntei se ele achava que um dia eles se livrariam desse sofrimento. Ele respondeu: "Existe algo importante que talvez o povo tibetano ainda não tenha aprendido: a liberdade do povo tibetano depende do povo tibetano. Muitos deles chegam à Índia e é como se tomassem *sleeping pills*, pílulas para dormir. Da necessidade de trabalhar surge o interesse pelo dinheiro e, em busca de melhores condições, se espalham pela Europa, pelos Estados Unidos, onde constroem outros objetivos e se perdem, perdem seu verdadeiro propósito.

Para ganhar liberdade eles (nós) precisam estar unidos e fortalecendo-se no propósito maior, através de nossas tarefas diárias. A liberdade do povo tibetano depende do bom *karma* do povo tibetano."

Buda nos ensina que somos nosso próprio mestre. O prazer e a dor são resultados de nossas ações anteriores, resultam das ações virtuosas e não virtuosas que praticamos. Se eu acredito no vínculo entre as ações e seus efeitos, existindo ou não um controle exterior, estarei alerta e me examinarei com frequência. Por exemplo, se tivesse aqui um dinheiro ou uma pedra preciosa e ninguém por perto, poderia pegá-los tranquilamente; contudo, se tenho em mim essa doutrina, como toda a responsabilidade do meu futuro recai sobre mim, não os roubaria. (Dalai Lama, 2006 p 29)

Aprender sobre a educação das crianças tibetanas como um processo de cultivo das sementes da filosofia budista, respondia a uma antiga pergunta: sim, é possível não apenas sofrer, mas transformar o sofrimento em aprendizado e crescimento espiritual.

Durante os últimos dias em Leh, tive o prazer de assistir ao Festival Hemis, que comemora o aniversário de nascimento do Guru Padmasambhava[31] e acontece no maior mosteiro budista de Ladakh. Os tibetanos e as pessoas locais usam suas melhores roupas tradicionais. A principal cerimônia desse festival, quando lamas executam danças de máscaras e peças sagradas, aconteceria no grande pátio. Enquanto isso, em vários cômodos do monastério, monges, lamas e tibetanos de todas as idades participavam de *pujas*, também para sintonizar e contribuir com a preparação dos lamas. Por volta do meio dia as pessoas começaram a se direcionar para os arredores do pátio. Começamos a ouvir os instrumentos tibetanos, as longas cornetas, pratos e tambores que pareciam tocar dentro do meu

[31] O Guru Rinpoche (também conhecido por Padmasambhava, Pema Jungne ou Padmakara) pode ser visto como o Buda do Tibete, pois é o fundador da escola Tibetana, ou tântrica, do Budismo.

peito e faziam arrepiar o corpo inteiro. Em alguns minutos, um silêncio total. Todas as pessoas, milhares de pessoas pareciam ter o mesmo foco. Os lamas começaram a entrar. Um a um, passo a passo, desciam as escadas, mostrando a expressão forte e surpreendente das máscaras ao ritmo do som. Até que se uniram e dançaram em círculo, como uma mandala no centro do pátio.

9. "A melhor maneira de dizer adeus é mantendo boas lembranças"

Conversando com amigos tibetanos, disse a eles que em uma semana voltaria para o Brasil: "Se agora eu já estou chorosa assim, imaginem no dia" eu falei. "Não. Você não vai chorar. Você teve ótimos momentos aqui, esteve segura e saudável durante todo esse tempo. Agora você vai aproveitar a possibilidade de voltar para a família, chance que provavelmente nós não teremos mais nesta vida. Só há motivos para alegria e agradecimento. A melhor maneira de dizer adeus é mantendo boas lembranças." Depois disso, com certeza, muito mudou. Eu não deixei de sentir, mas passei a dar àquele sentimento um enfoque positivo.

Era minha última noite na Índia. Quando acordei, o dia estava amanhecendo. Uma luz bonita entrava pela janela do quarto enquanto eu me arrumava. Mais uma vez, coloquei a mochila nas costas e, saindo pela casa, agradeci o abrigo que me acolhera. No portão tive uma surpresa: um amigo tibetano havia conseguido um carro emprestado e fora me buscar. No caminho para o aeroporto, eu olhava a cidade, as montanhas e monastérios com tanta intensidade como se meus olhos quisessem fixar aquelas imagens em mim, para eu nunca mais esquecê-las.

Chegando lá, desci do carro e o amigo veio até mim, trazendo uma *kata* estendida entre seus dois antebraços. Juntou as duas mãos em frente o peito e disse sorrindo: "Obrigado, em nome de todos os amigos". Eu fui como que arrebatada por um turbilhão de emoções. Com os olhos cheios de lágrimas, não tive palavras. Posicionei minhas mãos juntas e me curvei para que ele colocasse a *kata* em meu pescoço.

Na fila para o *check-in*, ainda me sentia extasiada pela emoção daquele agradecimento. Na verdade, cada agradecimento tibetano teve para mim um encantamento especial. A maneira como eles agradeciam era diferente, um gesto concentrado, olhos nos olhos. Agradeciam por motivos diferentes daqueles que eu costumava ouvir. Agradeciam, muitas vezes, por eu estar ali, pela conversa. Um dia pedi a um colega que me falasse mais sobre 'agradecer uma conversa'. Ele disse que se sentia honrado pela oportunidade de conversar com outras pessoas, especialmente com pessoas de cultura diferente, pois assim podia aprender. Eles davam importância ao aprendizado, reconheciam que este acontece através de varias fontes e formas.

O avião decolou. Quando abri a cortina vi aquele mar de enormes, incríveis montanhas marrons e seus picos brancos nevados. Elas estavam acima das nuvens, pareciam fazer parte do céu e não da terra. Meu coração acelerado, minha mente ainda não assimilava aquela paisagem como parte de um mundo real. Era como uma miragem. Como o povo tibetano costuma dizer, "Ladakh parece o Tibete, parece a Lua ou o planeta Marte". E como eu não conheço a Lua ou Marte, não encontrava nada em meu repertório que se aproximasse daquele deslumbramento visual que é o Himalaia. Todos os passageiros vidrados nas janelas, cheios de suspiros e interjeições. Não só o visual, é impressionante também o poder que aquelas montanhas têm de nos causar tantas sensações. É como se sua atípica beleza nos seduzisse, e simplesmente olhar para elas nos permitisse elevar a consciência, naturalmente.

Chegamos a Delhi em pouco mais de uma hora. Eu tinha cerca de quatorze horas antes do voo seguinte. Quis ficar no aeroporto e aproveitar aquele tempo para simplesmente estar só e me preparar para a próxima viagem, no caso, para o Brasil. Logo que fechei os olhos e passei a acompanhar minha respiração, comecei a ver imagens. Eram cenas de vários momentos que vivi, como se passasse um filme em minha mente. Revi momentos que refletiam minha inquietação maior, vinda dos questionamentos quanto ao sentido do sofrimento. Eu não acreditava que o sofrimento acontecesse aleatoriamente e sem propósito. Revendo esta parte do filme, olhei para aquela angústia que sentia na época em que trabalhava no hospital e percebi algo diferente. Enxerguei a angústia como uma mola propulsora. Se não fosse o incômodo que aquelas perguntas me causavam, talvez não tivesse tido pressa em me livrar dele e buscar um caminho que me mostrasse o essencial significado da vida. Notei que estava percebendo o sofrimento de forma diferente. Senti uma espécie de alegria interna ao ver essa mudança acontecendo em mim.

O filme continuava. Revi então os momentos vividos na Índia. As cenas não seguiam uma ordem cronológica, mas se conectavam umas às outras, mostrando para mim o sentido mais claro e profundo. As lembranças da Índia permitiram que eu me sentisse mais próxima daquelas experiências, aumentando ainda mais o valor que eu lhes atribuía. Num sentimento de profundo agradecimento, me reverenciei à oportunidade de tudo o que vivi, agradecendo a todas as situações que aconteceram como verdadeiros mestres.

Chegando ao Brasil trazia comigo vívidas memórias do dia a dia com os tibetanos, que a cada contato me ofereciam de forma singela e intensa um conhecimento de riqueza sem fim. Sentia-me elevada pelos estudos, principalmente pelo aspecto filosófico do budismo tibetano. Quanto mais eu aprendia, mais me alegrava e queria saber. Acredito que esse contentamento vinha da satisfação em ver meus anseios mais profundos encontrarem respostas coerentes, do bem comum e de possível acesso e prática rumo ao fim ou redução do sofrimento.

Antes e além de tudo, ganhei o maior presente. Encontrei meu Mestre, um tesouro que eu não procurava, pois eu nem imaginava que pudesse existir. Não é um guru indiano como muitos estrangeiros costumam encontrar. E não por ser brasileiro, ele falava a mesma língua que eu, era mais que isso, ele podia enxergar a minha essência. Desde a primeira vez em que leu minhas mandalas,[32] eu o ouvi traduzir em palavras o que existia de mais profundo em mim. Sentindo-me mais sortuda do que quem ganha sozinho a mega-sena acumulada, posso dizer que o Dr. Léo Matos literalmente permitiu que eu encontrasse o 'caminho do coração' e renascesse.

Deixei o emprego no hospital onde trabalhava, devolvi o apartamento e me preparei para voltar para a Índia e o Nepal, para a convivência com os tibetanos, a fim de continuar pesquisando, aprendendo e tentando contribuir.

---

[32] Segundo Léo Matos na entrevista publicada no livro: *Os latino-americanos e o Tibete: harmonia na diversidade* de Alloma Sellanes Zibechi (p 135), integrando o teste da mandala desenvolvido por Joan Kellog, com outras abordagens transpessoais, ele desenvolveu o método da terapia de arte transpessoal da mandala. Este método permite, através do uso da mandala, explorar os espaços mais profundos de seu próprio inconsciente para solucionar vários problemas, aumentar a criatividade e facilitar o crescimento espiritual.

10. Ao oriente

Cheguei a Katmandu, capital do Nepal. Soube que lá viviam muitos tibetanos que haviam chegado recentemente do Tibete, além de abrigar escolas, assentamentos e importantes monastérios tibetanos. Apesar de toda beleza que o país esbanja, eu queria estar com as crianças, trabalhar com elas, viver entre os tibetanos novamente. No dia seguinte logo pela manhã fui para Boudhnath. Li que é um dos locais budistas mais sagrados, onde existe uma das mais antigas e maiores estupas[33] do mundo. Com o afluxo de grandes populações de refugiados tibetanos, foram construídos mais de cinquenta mosteiros em torno de Boudhanath, que desde 1979 é Patrimônio Mundial da UNESCO. Passando pelo portão principal, eu vi a estupa. Era branca, enorme, com os olhos do Buda. Cercado por bandeiras tibetanas de oração, aqueles olhos pareciam olhar para dentro de mim de um jeito seguro e acolhedor. Comecei a andar em círculo, em volta da estupa, como fazem milhares de tibetanos e nepaleses todos os dias.

---

[33] A estupa é uma estrutura contendo relíquias budistas, tipicamente os restos mortais de Buda, usado pelos budistas como um lugar de adoração, uma antiga forma de mandala.

Eles costumam dar no mínimo três voltas por dia, fazendo prostração, girando as rodas de oração e recitando mantras. Era como uma onda de energia, contagiante.

Pelas redondezas da estupa, vi um cartaz pedindo voluntários para dar aulas para alunos vindos do Tibete. Liguei para o dirigente da escola e marcamos um encontro. Ele chegou sorridente e disse estar muito feliz pelo meu desejo de ajudar. Ressaltou que o principal objetivo era acolher tibetanos que, segundo ele, costumam chegar em "estado de pânico e trauma" pelas situações vividas durante a viagem pelo Himalaia. Como parte de um processo de adaptação à nova vida, as aulas de inglês os ajudam a vencer a barreira da língua.

No dia seguinte, eram cinco e meia da manhã quando acordei. Estava agitada, meu corpo tinha certa pressa. Aquele era o primeiro dia de aula, em que eu seria a professora de inglês e eles, alunos tibetanos recém-chegados do Tibete. Sentia um frio na barriga, queria que aquele momento chegasse logo. Estava chovendo, as ruas de terra se transformaram num barro escorregadio. Junto com a lama, muito lixo. No Nepal é alto o índice de poluição e as pessoas convivem muito próximas ao lixo. Aquilo tudo era inevitável. Não havia o que fazer ou como escapar, a única opção era aceitar e enfrentar. Em meio àquela sujeira e muita água eu via as pessoas se ajudarem. Mesmo se arriscando e abrindo mão de seu conforto, elas saíam na chuva para desobstruir um bueiro ou construir caminhos de pedras para os outros passarem. Aquelas cenas transformaram minha percepção e me encorajavam a continuar.

Cheguei ao sótão de uma construção antiga, lá era a sala de aula da chamada Vajrayana School.[34] Era um lugar de teto baixo e escuro. Abri a porta e vi aqueles lindos olhos puxados que timidamente sorriram. Por alguns segundos fiquei extasiada pela emoção. Fomos apresentados, e eles me deram boas vindas juntando as duas mãos em frente ao peito.

Neste mesmo dia, uma mulher inglesa que havia sido professora deles anteriormente, chegou para visitá-los. Ela havia chegado do Tibete e trazia fotos.

---

[34] http://www.vajrayanaschool.org.np

Lembro-me do silêncio deles enquanto viam as fotos. Olhavam-nas com carinho, examinando e curtindo cada detalhe das paisagens. Um deles reconheceu aquele lugar, era sua vila. Foi uma mistura de surpresa e alegria com saudade, ele ficou emocionado e todos se emocionaram juntos. Karmo, a última deles vinda do Tibete, reconheceu uma garota que aparecia na foto, era sua prima. Eles riram. A professora foi embora e eu perguntei como eles se sentiam e o que tinham achado da visita. Um deles falou: "Eu estou muito feliz. A professora antiga veio e a nova começa hoje. Eu vi minha terra-mãe, eu vou voltar pra lá."

No dia seguinte cheguei mais cedo. Sentei num restaurante ao lado da escola e pedi um café. Karmo, a pequena tibetana, apareceu. Muito tímida, ela me mostrou seu caderno e pediu que eu escrevesse algumas palavras. Percebi que estavam escritas em tibetano. Ela disse que eram nomes das pessoas da família dela, e ela gostaria de aprender a escrever em inglês, em letras cursivas. "Eu quero que estas sejam as primeiras palavras que eu vou aprender em inglês." Mesmo sabendo que poderia não mais ver sua família ou sua terra natal, era intencional o desejo de manter-se conectada a eles.

Antes de começar a aula, o responsável pela instituição me chamou e disse que naquele dia chegaria um novo aluno, um *tulku,*[35] que viria acompanhado de

---

[35] Um *tulku* é, no budismo tibetano, um lama que conseguiu escolher conscientemente ser reencarnado, às vezes por mais de uma vez, de maneira a continuar seu juramento de bodisatva. O mais famoso exemplo é a linhagem dos Dalai Lamas; o atual Dalai Lama, Tenzin Gyatso, é tido como a décima-quarta encarnação, o primeiro sendo Gendun Drup (1391–1474). Na tradição *vajrayana* acredita-se que a linhagem mais antiga de *tulkus* seja a dos Karmapas (líderes espirituais da linhagem de Karma Kagyu), que se iniciou com Düsum Khyenpa (1110-1193). Segundo Jetsun Pema, em *Tibet, my history*, a ideia da reencarnação faz parte do quadro budista filosófico. Não faz parte dos ensinamentos do Buda, mas é considerado por todos os asiáticos, independentemente da sua denominação, um fenômeno natural. O Buda ensinou que o 'ego' ou 'alma' não transmigra. A vida torna-se o resultado de uma anterior através de um tipo de energia cinética. Qualquer indivíduo que tenha atingido um nível elevado de desenvolvimento espiritual é supostamente capaz de direcionar essa energia de uma maneira especial no momento de sua morte, para que dê à luz um *tulku* – um lama reencarnado. O *tulku* não é a mesma pessoa que o lama anterior, mas representa a continuação ativa de suas qualidades positivas, sabedoria e bênçãos.

um lama para nos dar algumas orientações. Eles vieram, nós nos conhecemos e o lama se colocou à disposição caso pudesse ajudar nesse processo de educação.

Ao final da aula, a esposa do dirigente da escola me falou sobre um colégio tibetano que precisava de voluntário. Segui direto para lá. Falei com as duas diretoras, Sras. Bigaya e Tsultrim, que me receberam com entusiasmo. Esta veio caminhando do Tibete aos seis anos de idade. A Sra. Tsultrim é ex-aluna do TCV: hoje dirige uma escola que começou com nove alunos e atualmente tem quase quinhentos, com lista de espera para novas vagas. Ao final da conversa eu perguntei se eles tinham alguma necessidade específica que eu pudesse atender. Ela respondeu: "Veja você o que quer ensinar. Para nós é importante que seja algo que acrescente à vida dessas crianças. E então, quando você começa?" Eu respondi: "Agora".

Ela pediu que eu a acompanhasse. Subimos as escadas e ela me levou a uma das salas de aula. Ao entrarmos, os alunos se levantaram e disseram: "Bom dia, *Miss*", cumprimentando-a. Ela me apresentou, disse que eu seria professora deles por um tempo e perguntou como eles se sentiam. Eles disseram que estavam felizes e me deram boas vindas. Ela saiu com a professora e eu fiquei sozinha com eles. Imediatamente se aproximaram de mim perguntando de onde eu era, como era o meu país, pediram para eu mostrar no mapa, e fizeram milhares de perguntas com alegria e curiosidade.

Eu supostamente daria aulas de inglês para as crianças, mas nos quinze primeiros minutos de conversa já percebi que além de falar e escrever tibetano e nepalês, o inglês delas era bem melhor que o meu! Pensei: E agora? Imediatamente lembrei-me dos ensinamentos tibetanos sobre a felicidade e tive uma ideia: perguntei a cada um as três coisas que eles mais gostavam de fazer e encontramos uma resposta comum a todos: teatro! A aula terminou, eu me despedi deles dizendo que voltaria no outro dia. Eles se levantaram e disseram: "Obrigado, *Miss*". A partir daquele dia comecei a trabalhar naquela escola das dez da manhã às cinco da tarde, com crianças de seis a onze anos de idade.

11. O encontro com as crianças tibetanas

No dia seguinte pela manhã saí da instituição onde eu trabalhava das seis às nove e fui direto para o colégio. Estava tão animada para encontrar as crianças que me perdi, não conseguia encontrar o caminho. Andando pelo quarteirão eu ouvi vozes de crianças gritando. Quando olhei para cima estavam lá os alunos no segundo andar do prédio, me chamando da janela! Eles me receberam com sorrisos e gestos de euforia. Desde o dia anterior haviam tido várias ideias e queriam compartilhar. Conversamos e eles sugeriram que fossemos para a biblioteca a fim de nos inspirarmos. Um deles foi correndo buscar a chave para abrir a porta. Quando entramos, eles suspiraram: "uaau". Era uma sala pequena e humilde, cheia de livros. Parecia que eles tinham acabado de entrar na Disneilândia, e se divertiam como tal. Então escolheram 'A Branca de Neve e os Sete Anões' como nossa fonte de inspiração para a peça que construímos, ensaiamos e apresentamos.

Nos horários de intervalo eu aproveitava para conversar com a diretora. Um dia um garoto foi para sala dela porque estava mordendo os colegas. Ela não brigou com ele. Conversaram sobre outros assuntos. Ela falou que ele sabia por que estava lá, por isso não precisava repetir. Um colega dele chegou. Ela olhou para os dois e perguntou quem estava se comportando bem e quem estava se comportando mal. Eles ficaram quietos, em silêncio. Pareciam estar pensando. Ela não disse quem era o quê. Era importante para eles chegar a uma conclusão, por isso estavam sendo levados a pensar. Eles se olharam, pensaram mais um pouco e responderam. Ela falou que eles, então, podiam voltar para sala.

Perguntei como a escola funcionava, se as crianças podiam pagar pelo estudo. *Miss* Tsultrim me contou que alguns alunos têm condição de contribuir com uma quantia mensal, mas grande parte não. "Nós não deixamos de aceitá-los porque não podem pagar, tampouco conseguimos cobrir as despesas sem o pagamento de todos. Por isso, assim como em praticamente todas as escolas tibetanas, contamos com a generosa ajuda de outras pessoas, principalmente estrangeiros, que chamamos '*sponsors*'.[36] Eles 'adotam' a educação e alimentação de uma ou mais crianças e constroem uma bonita amizade, por muitos anos. Lembrei-me de um amigo tibetano que teve uma '*sponsor*' francesa com quem já havia se encontrado várias vezes e com quem vinha mantendo contato há mais de vinte anos. Ele costumava dizer: "Para mim ela é uma mãe. Sem ela não sei se estaria aqui. Por causa dela, pude estudar e isso salvou minha vida. Acho importante que ela olhe para mim e veja que valeu a pena. Desde que me formei e me tornei adulto, tento ajudá-la em tudo que posso, para mim é um prazer, gosto de vê-la sorrir!" E sorria contando as histórias que eles viveram juntos. "As crianças gostam muito de seus *sponsors*, existe uma relação afetiva importante para eles. Pelos menos duas vezes por mês as crianças, mesmo as menores, escrevem cartas e desenhos e mandamos pelo correio", disse *Miss* Tsultrim. Ela me falou de algumas crianças para as quais procurava ajuda. Conversei com minha mãe que logo disse que gostaria de ajudar e pediu que eu escolhesse uma criança. No outro dia

[36] Para adotar uma criança tibetana informe-se nos websites: Manasarovar Academy Nepal http://www.manasarovaracademy.org; ROGPA Baby Care Centre, India http://www.tibetrogpa.org; Tibetan Children Village, India http://www.tcv.org.in/.

Miss Tsultrim abriu um sorriso quando contei que conseguira uma *sponsor*. Ela me mostrou duas crianças, dois irmãos órfãos. Moravam com a avó já idosa que também criava outros netos e vivia com muita dificuldade financeira. Ela pediu que eu ficasse à vontade, qualquer uma das crianças que eu elegesse seria bom. Eu não consegui escolher. Liguei para mim mãe e ela disse que também não escolheria, que seriam os dois. Até hoje me lembro da expressão de alegria de *Miss* Tsultrim quando contei. Ela chamou as crianças e disse: "Tenho uma ótima notícia para vocês. Vocês acabaram de ganhar uma 'madrinha'. E mesmo que um dia vocês tenham achado que não tiveram sorte na vida, sintam-se agora as crianças mais sortudas, pois vocês ganharam amigas que querem ajudar vocês, que também serão boas para elas."

No horário da refeição principal, não era possível que todos comessem ao mesmo tempo, então havia um revezamento entre as turmas começando pelas crianças menores. Eles se sentavam, faziam uma oração e começavam a comer. A maioria deles comia sozinho, os que demoravam mais eram ajudados pelos alunos mais velhos, que o faziam por iniciativa própria.

Após o almoço, eu carregava os bancos para sala de aula. Um garoto viu e veio me ajudar. No dia seguinte quando fui pegar o banco ele já estava lá, levando-o sozinho. Lembrei-me do diretor do TCV dizendo que no caso das crianças exiladas e principalmente das que são órfãs, a escola deve ser também um grande lar. Agora, no Nepal, eu via as crianças participando de tudo. Eles limpavam os tapetes, ajudavam as funcionárias na cozinha, os professores e colegas, espontaneamente. Cuidavam da escola como se fosse sua casa e todos os outros, a sua família.

Pela manhã, antes de começar as aulas, eles tinham uma prática de meditação. Depois, juntos, recitavam o mantra do Manjusri.[37] Enquanto recitavam, eles imaginavam uma luz branca, como se fosse um leite branco luminoso descendo

---

[37] Manjushri é o bodisatva da consciência perspicaz no budismo. Discípulo do Buda histórico Shakyamuni, ele representa sabedoria, inteligência e realização.

pelo topo da cabeça e percorrendo todo o corpo até os pés. Então eles sentiam o corpo limpo e aberto para o aprendizado. Essa prática parecia ajudá-los e acalmar a mente e se preparar para receber o conhecimento.

Em seguida faziam uma prática chamada *compulsory*. Todos os alunos se apresentavam em dupla, em fila. Caminhando como se estivessem marchando, eles marcavam o mesmo ritmo com os pés, e os mais velhos usavam instrumentos musicais. Por mais de quarenta minutos exercitavam o que parecia impossível: trezentos e cinquenta crianças concentradas no mesmo compasso. A partir desse dia eu perguntava a todos os educadores que conhecia: "O que é essa prática?" E eles respondiam: "Compulsory" e nada mais, nenhuma explicação. Até que um dia, depois de meses, Tenzin me respondeu: "Não importa o tipo de performance que você tenha que fazer na vida, você precisa ter disciplina. Se você não tem disciplina, tudo está perdido. Os alunos não estão aqui para aprender a ler e escrever. Eles estão aqui para aprender a ter disciplina. Disciplina é tudo, é seu poder, sua força. Se você tem disciplina, sua mente a seu favor, você pode conseguir tudo o que quer. Antes de fazer qualquer coisa você precisa de disciplina. A partir da disciplina então você pode aprender outras coisas." Alguns meses depois, caminhávamos há dias pelas montanhas rumo ao lago Pangong[38] quando visitei uma escola isolada no meio das montanhas e vi os alunos fazendo a mesma prática.

Ao final da aula eles fazem mais uma oração e juntos agradecem pelo "maravilhoso conhecimento recebido". Então se propõem a usar esta energia para se preparar para o dia seguinte. Imagino que estas práticas os auxiliem a se centrar e a se tornar conscientes do processo de dar e receber conhecimento. Todos os dias eles exercitavam o silenciar da mente, a concentração, a consciência da importância do aprendizado e a disciplina.

---

[38] Lago Pangong é um lago no Himalaia situado a uma altura de cerca de 4.350 m. Tem 134 km (83 milhas) de comprimento e estende-se da Índia ao Tibete.

Estávamos no pátio com as crianças durante o recreio. Aconteceu algum conflito entre elas, um bateu e outro apanhou. Percebi que a primeira providência do educador foi checar se alguém se machucou. A diretora viu que o garoto estava bem e disse a ele que voltasse a brincar. Já sabendo que eu estava interessada, ela se voltou para mim e disse: "É importante não fazer alarde, senão piora. Não valorizar aquilo que não precisa ser valorizado. Assim a criança aprende. Se o adulto faz melodrama, a criança também faz."

O garoto que havia batido estava agitado. A professora o chamou separadamente e disse: "Olhe para você". E repetiu: "Olhe para você". Ele começou a se olhar, ajeitou sua roupa e olhou novamente para ela. "Olhe para você, o que está fazendo?" ela falou. Ele ficou pensativo. "Você quer estudar? Quer frequentar essa escola?" Ele respondeu que sim. "Então olhe para você, o que está fazendo?" Pedindo para ele se olhar, era como se ela tentasse ajudá-lo a se perceber e perceber seus comportamentos. Então ela questionava o que *ele* queria, o objetivo dele, como se o chamasse para sua verdadeira motivação. Então o ajudava a observar a coerência entre o que ele queria, estudar, e o que estava fazendo, mordendo os colegas. Fazia parte do processo de educação alertá-los para um grande preceito budista: estar atento ao corpo, fala e mente, pois das ações decorrem as reações.

Não existia brincadeira de competição. Eles não usavam competição para estimular o aluno. Comparavam o desempenho de cada aluno ao seu próprio processo de evolução ao longo do ano, não com seu colega. Desde pequenos eles aprendem que o objetivo é se aprimorar, não ser melhor ou pior que o outro.

A diretora, Sra. Tsultrim, me contou que um grupo de dentistas norte-americanos acabara de chegar. Como as crianças não têm condições de fazer um acompanhamento odontológico, voluntários oferecem esse serviço uma vez por ano. Durante dois dias as crianças fariam consultas e tratamentos. Eles sabiam que iria doer, não tinha anestesia. Quando voltaram, eu me aproximei ansiosa para saber como eles estavam. O dentista veio logo atrás e me falou que ficara impressionado com o comportamento das crianças, muito diferente dos choros e birras que ele estava acostumado. Eu perguntei às crianças se tinha doído. Eles disseram sim. "E vocês choraram?" "Não." Por quê?" "Eu sei que é bom para mim, eles estão cuidando da gente." Este era para mim um dos aspectos mais impressionantes. A falta de drama que dava lugar a uma postura centrada, uma mente lúcida e o reconhecimento do amor em primeiro lugar.

Enquanto isso, na turma do teatro, todas as crianças participavam entusiasmadamente. Construímos os textos, figurinos, cenário, e sempre que eu perguntava: E agora, como vamos fazer isso?, eles logo respondiam: "Não se preocupe professora, nada é impossível!", e sorriam. Todos os dias eles me pediam para dar aula também aos sábados e domingos: "é para a gente ensaiar mais, para ficar mais bonito, por favor, *Miss*, a gente consegue a chave da escola com a diretora, não tem nenhum problema, você quer?" Eles pareciam querer aproveitar cada momento. Na última semana de aula, uma garota começou a chorar baixinho. Eu fui até a carteira dela e perguntei por que estava chorando. A coleguinha respondeu que era porque eu iria embora e ela sentiria saudade. O outro falou: "mas nós não vamos chorar porque a *Miss* precisa voltar para o Brasil, porque a mãe dela está esperando, mas mesmo assim eu quero chorar..."

No último dia, quando entrei na sala, eles disseram que tinham uma surpresa: várias mensagens escritas por eles no quadro negro. Cada um veio até mim com um bilhetinho. Lembro-me de um deles que dizia: "Obrigado por você ter saído do Brasil, por ter pensado no Nepal, por ter escolhido vir para o Nepal, por escolher a nossa escola, a nossa sala de aula, e por ter sido nossa professora." E, por fim: "obrigado por nos ensinar", como costumavam dizer. Eles valorizavam o encontro reconhecendo todas as instâncias que precisaram acontecer para que aquele momento se tornasse possível. Todas as cartas eram lindas e emocionantes. Choramos juntos, nos abraçamos e eu disse que faria o meu melhor para voltar e encontrá-los novamente. Pedi que se cuidassem com amor, pois eram muito preciosos! *Miss*

Tsultrim depois me disse que poucas vezes os viu chorando e que eles estavam felizes pelas aulas.

A apresentação de teatro foi tímida e muito bonita. Ao final, foram aplaudidos pelas outras crianças, professores e os pais que puderam comparecer. Enquanto nos abraçávamos, eles perguntavam como tinham se saído e se eu estava feliz. "Sim, estou muito feliz", e falei sobre o quanto admirava cada um deles.

Era o mês de maio. No ano anterior, nessa mesma época de comemoração do aniversário, morte e iluminação de Buda, eu estava em Dharamsala e pela primeira vez soube sobre a importância dessas datas. Pela manhã, estendia as roupas no varal com uma tibetana que entusiasmada começou a me contar. "Nesta época espalhamos velas acesas por toda cidade e principalmente ao redor da estupa, trocamos as bandeiras tibetanas de oração, participamos das cerimônias e dos ensinamentos do Senhor Buda e fazemos doações." À tarde, pedi que a Sra. Tsultrim me falasse mais sobre aquele dia e as doações. Ela respondeu: "Pessoas tibetanas e budistas costumam doar o que teem. Acreditamos que se você der algo aos outros, é bom também para você. É por isso que todos os tibetanos doam dinheiro aos mosteiros ainda que seja uma quantidade muito pequena. Também compartilhamos alimentos, principalmente nesta época. Buda ensinou que quando damos aos outros, damos sem expectativa de recompensa. Assim praticamos para liberar a ganância e o apego. Alguns mestres dizem que dar é bom porque acumula mérito e cria carma que irá trazer felicidade futura. Outros dizem que mesmo isso é autoapego e uma expectativa de recompensa. No Budismo Mahayana, em particular, qualquer mérito que possa vir com a doação é para ser dedicado para a libertação dos outros. Dar com a motivação pura é chamado *paramita dana*, ou "perfeição de dar". É o primeiro de uma lista de *paramitas*, ou perfeições, que são cultivadas na prática budista. E ao final ela disse: "O melhor exemplo é você. Você tem nos ajudado de forma não convencional."

No dia seguinte, mais um exercício de desapego: o último encontro com os tibetanos recém-chegados do Tibete. Como um remédio que acalentava minha alma, já com saudade, aquela frase "a melhor maneira de dizer adeus é mantendo as boas lembranças" me ajudava a prosseguir. Os dois monges cujos sorrisos eram os mais belos que eu já havia visto, naquele dia estavam cabisbaixos. Chegando ao final da aula, Karmo começou a chorar baixinho. Eu sabia o que eles estavam sentindo e em silêncio desejava que não sofressem com aquela despedida. Na verdade eu queria que eles nunca mais sofressem nessa vida. Sabendo que isso não seria possível, sentei perto deles e lhes disse sobre a grande oportunidade que tivemos de estarmos juntos e aprender uns com os outros, as amizades que aconteceram e continuarão fazendo parte de nós estando fisicamente próximos ou distantes. "Vocês são fortes e vão superar, progredir. Vamos nos apoiar no exemplo de SS o Dalai Lama, na compaixão." Alguns deles agradeceram pela paciência com suas dificuldades, outros falaram que nos divertimos juntos e desejaram uma viagem segura. Para minha surpresa, cada um deles trouxe uma *kata* e a colocou em meu pescoço. Eu obviamente chorava e ao mesmo tempo falava que estava tudo bem, chorando de felicidade pelo amor que recebia deles.

12. Uma viagem segura, a safe journey

Em alguns dias voltei para a Índia, para Himachal Pradesh, a caminho de Spiti, região originariamente tibetana, atual parte do território indiano, onde SS o Dalai Lama ofereceria ensinamentos. Encantava-me a ideia de SS estar numa região tibetana e poder ouvi-lo de lá. Os ônibus estavam lotados de estrangeiros e tibetanos que vinham de vários lugares da Índia e do Nepal para receber as palavras e a bênção de Sua Santidade. Foram quatorze horas em uma das estradas mais perigosas do mundo revezando entre as posições sentado e de pé, já que tinha no mínimo duas vezes mais pessoas do que assentos. Passávamos entre e sobre as montanhas por paisagens indescritíveis.

Chegamos a Kasa no final da tarde. A cidade estava se preparando há meses. Os ensinamentos de Sua Santidade também inaugurariam o monastério Sakya Tenggyu. Era impressionante a quantidade de pessoas. Além do povo local e de tibetanos de todo Himalaia, milhares de estrangeiros budistas praticantes e curiosos. Apesar de ser considerada a maior vila de Spiti, Kasa era simples como qualquer comunidade tibetana. Não havia hotéis ou restaurantes. Muitos tibetanos vieram de outras regiões trazendo alimentos e material para montar tendas (taba) onde cozinhavam e serviam quase dez mil pessoas. As poucas pousadas estavam lotadas e a maioria das pessoas se acomodava em tendas coletivas onde também não havia vaga. Depois de andar por toda vila, voltei para a porta do monastério onde encontrei vários monges ex--alunos no Nepal e seus colegas. Alegramo-nos com a surpresa do encontro e eles tentaram conseguir um lugar para eu ficar no monastério, mas não foi possível. De repente eu resolvi perguntar para um tibetano que passava de moto se ele sabia sobre algum lugar onde eu pudesse dormir. "Moro com minha família. Minha casa é humilde, mas temos espaço, você quer conhecer?" Que alívio! Já era noite e com pouca iluminação eu não sabia mais onde procurar quando percebi que aquele rapaz queria me ajudar. Subi na garupa da moto e fomos até a casa dele. Apresentou--me sua mãe e lhe perguntou se eu poderia ficar. Ela disse que sim e combinamos que eu poderia contribuir com quanto pudesse. Como a maioria do povo que vive ali, ela não falava inglês, e o pouco tibetano que eu havia aprendido mais uma vez foi bastante útil! Ela pegou em meu braço e me levou até o quarto, mostrando o colchão onde eu dormiria. Depois buscou um balde, apontou a torneira e fez sinal mostrando que eu deveria encher o balde e levar para o banheiro quando quisesse tomar banho. Agradeci toda bondade e fomos dormir.

No outro dia às cinco e meia da manhã as pessoas já se movimentavam pela casa. Levantei e fui com eles para os ensinamentos. Infelizmente não é possível descrever aquelas manhãs através de palavras, pois as sensações são tão inéditas e fortes que não é possível traduzir em palavras os pensamentos que as descrevam. Desde a preparação para a chegada de Sua Santidade, as performances culturais, os sons dos instrumentos e vozes de monges e lamas tibetanos, além da concentração de todos ali presentes, produziam contagiante energia e elevação do estado de consciência. Além dos ensinamentos, tivemos a oportunidade de receber refúgio ou iniciação ao budismo de SS o Dalai Lama.

Depois da última manhã de ensinamentos, a maioria das pessoas deixou Kasa, e nos dias seguintes pudemos sentir melhor como era o dia a dia local. Soubemos

que em uma daquelas montanhas, onde também havia um monastério budista e um importante museu, era possível encontrar fósseis de peixes, corais e conchas, da época em que o Himalaia, antes da elevação das placas tectônicas, era o fundo do mar. Num começo de tarde, eu e Itamar pegamos um ônibus rumo a essa vila chamada Komik, situada a quatro mil e quinhentos metros de altitude.

Era menor do que o que eu conhecia como vila. Havia pouquíssimas casas cercadas de pequenas plantações de trigo. Visitamos o monastério e eu não pude entrar no museu, 'somente homens podem'. Tentei perguntar o porquê, mas não consegui resposta. O motorista do ônibus em que viemos se aproximou dizendo que estava voltando para Kasa e aquele seria o ultimo transporte do dia. Logo um senhor indiano chegou, disse que estava de carro e nos ofereceu carona. Optamos por ir com ele já que assim teríamos mais tempo para procurar os fósseis. O ônibus partiu e depois de quinze minutos o mesmo indiano veio se desculpar dizendo que antes de nós também oferecera carona a dois monges. Eles agora tinham aceitado e não poderíamos voltar todos no mesmo carro. Diante de nós, todas aquelas montanhas. Já eram quatro horas da tarde, a temperatura caia notavelmente e só havíamos comido uma *samosa*[39] ainda de manhã. Não tínhamos alimento ou agasalho apropriado. Um inglês que ouvia a conversa e, creio, percebeu nosso desespero, falou que no dia anterior ele havia caminhado de onde estávamos até Kasa, o que levaria cerca de três horas. Segundo ele, deveríamos caminhar até o fim do platô, descer a montanha, subir e, ao descer novamente, já avistaríamos Kasa.

Atravessando a primeira parte plana que o inglês chamou de platô, encontramos algumas mulheres nativas trabalhando na plantação de trigo. Depois dessa região, diminuía o verde e o solo era mais seco e árido. Mexendo cuidadosamente nos grandes blocos de pedra, ao virar uma delas encontramos os fósseis. Era inacreditável: formatos de corais e escamas de peixes a mais de quatro mil metros de altitude e

---

[39] *Samosa* é um tipo de pastel frito muito popular na Índia.

datados de milhões de anos. Chegamos diante da montanha onde era preciso descer e acredito que ali pegamos a direção errada. Era uma montanha marrom enorme, seguíamos uma trilha inclinada sobre grandes pedras, como se ali fosse um caminho por onde passava água. Senti que estávamos no lugar errado, tinha certeza que não havia como andar por ali, mas também não sentia coragem o suficiente para sugerir outro caminho. Foi ficando cada vez mais difícil descer, até que ouvi um barulho. Itamar tinha caído. Depois de intermináveis minutos ele voltou com uma expressão assustada como nunca havia visto nele. Disse que por pouco teria morrido e precisaríamos ter muito cuidado. A água já corria pela trilha onde nos arrastávamos. Chegamos em certo ponto em que eu teria que me sentar num pequeno espaço com as pernas soltas, pular por mais ou menos dois metros de altura e me equilibrar na pedra seguinte, antes de um despenhadeiro. Naquele momento senti a forma mais pura de medo que já havia experimentado antes. Nenhum pensamento, só um repentino e incontrolável choro. Eu não queria chorar, tampouco achava que fazia qualquer sentido chorar, era automático como se meu instinto me impedisse de pular. Itamar tentou me transmitir coragem e de repente pulei. Quando consegui me apoiar olhei para a frente e vi uma cadeia de montanhas inclinadas entre abismos. Ao olhar para cima, a mais temerosa conclusão: não havia como voltar.

Continuamos a caminhar sobre e debaixo de grandes pedras, o resto eram descidas de cascalho sem lugar para apoiar. Minhas calças estavam molhadas, rasgadas, braços e pernas esfolados, e começou a anoitecer. "Nós vamos precisar passar a noite aqui", disse Itamar. Eu já imaginava. De lá víamos a estrada do tamanho de um dedo. Era impossível que alguém nos visse. Encontramos alguns arbustos e graças a eles pudemos fazer uma fogueira para nos aquecer. O espaço que tínhamos para sentar era estreito e inseguro. De repente começou a chuviscar. Eu não acreditava que estava chovendo, apagaria a fogueira e poderíamos não suportar o frio. Olhei para o céu e, como se reunisse toda inquietação de meu corpo em força, recitava mantras com uma intensidade indescritível. Senti essa prática me

empoderar ao mesmo tempo que aliviava o medo. A chuva foi passando até que parou. Continuou assim durante várias horas, chuviscava e parava. Nestes intervalos tentávamos pegar mais arbustos. Eu segurava um galho enquanto tentava pegar o outro quando uma pedra rolou lá de cima, passou pelo meu braço e iria atingir Itamar quando gritei e ele conseguiu se desviar. Num segundo era a pior sorte, no segundo seguinte, a melhor. Foi assim durante toda aquela noite, a verdade de que tudo muda, a impermanência escancarada, sem chance de duvidas.

Passamos a noite toda em completo silêncio. Sem intenção consciente, em minha mente projetavam-se cenas da minha morte, as pessoas encontrando o corpo, a notícia para os meus familiares e o sofrimento. "Depois de tudo que vivi aqui, três dias antes voltar ao Brasil, será que minha mente está me preparando para esta passagem?" Recitar os mantras mudava meu estado de consciência e me ajudava absurdamente. Vi um clarão no céu e achei que fosse o sol, mas não, era a lua. Ainda teríamos algumas horas até amanhecer.

Quando a manhã chegou, eu tinha esperança de que Itamar tivesse visto outro caminho que eu não vira, mas não. Não havia outro caminho. Depois de muitas horas de sede conseguimos alcançar e beber um pouco da água corrente e ele me mostrou o que teríamos que fazer: passar por dois passes de mais ou menos vinte metros, numa inclinação de cerca de setenta graus, de cascalho e poucas pedras maiores que serviriam de apoio. Ele disse que poderíamos morrer e possivelmente nos machucaríamos. "Já sabendo disso, vamos manter a calma e tentar ajudar um ao outro."

Ele passou pelo primeiro passe, encontrou apoio e me esperou. Eu tentava caminhar e não conseguia, era muito inclinado e eu não conseguia me apoiar. Segurei em uma pedra e ele falou para eu não ficar ali, pois a pedra poderia se soltar. A pedra se soltou e eu comecei a cair tão rápido que não podia parar ou me agarrar a qualquer lugar. Quando olhei para baixo vi que faltavam poucos metros para um abismo. Como num milagre, consegui segurar uma pedra. Naquele momento me senti como um animal. Nenhum pensamento, boca seca, coração acelerado, braços e pernas mais fortes. Consegui atravessar até um lugar seguro.

No passe seguinte caí de novo, como uma reprise da cena anterior. Desta vez não olhei para trás, Itamar descia gritando e pelo desespero dele vi que era grave. Apoiei-me em uma pedra e interrompi a queda quando ele conseguiu me alcançar e puxou-me para um lugar seguro. "Estamos vivos. Nós estamos vivos!" era só o que eu pensava. É indescritível a sensação de alegria de estar viva que senti naqueles momentos. Dali, conseguíamos ver um caminho por onde caminhar decentemente. Andamos por mais quatro horas e chegamos à cidade. Eu pisava no chão com amor, queria beijá-lo! Muita felicidade pelo simples fato de estar viva! Almoçamos, saímos do restaurante e depois de dez minutos voltamos e comemos outra vez. Quando contamos para o amigo que nos hospedara sobre o que havia acontecido, ele não acreditou. Disse que nunca havia ouvido uma história daquelas!

Meu corpo estava todo machucado e só de olhar para aquelas montanhas me dava calafrios. Deixamos Kasa no ônibus lotado, de pé por mais de dez horas num total de vinte e uma horas de viagem. Toda aquela experiência me fortaleceu para um propósito maior: voltar para o Brasil para acompanhar minha mãe, que começaria um tratamento oncológico que duraria por cerca de um ano. Por esse motivo pedi tanto para viver, para que minha morte não prejudicasse sua luta pela cura. Cheguei ao Brasil com muita energia, era como se tivesse nascido de novo. Era a melhor forma de agradecer pela nova chance que me havia sido dada.

Nos intervalos das internações hospitalares, participei de um curso sobre mandalas e interpretações de sonhos ministrado por Dr. Léo Matos. Ao me reencontrar, Léo disse que eu estava mais elegante e que a Índia tinha me feito bem! Ele leu os escritos que eu havia trazido e sugeriu que eu continuasse escrevendo. "Eu acredito que este é um livro", disse ele. Durante os dois anos de curso, Léo e Ana ajudaram-me a escrever. Entre críticas e sugestões mantivemos o foco da nossa motivação maior, compartilhar para possíveis benefícios.

Durante o último módulo do curso, Léo sentia fortes dores. Era o início de um processo de mudança ou, como chamamos, doença, em que tive a oportunidade de tentar ajudar e fui mais ajudada. Estava eu ali novamente, à beira do leito. Agora com meu grande Mestre, para quem eu poderia fazer qualquer, qualquer coisa. Lembrei-me de um trecho que havia lido há muitos anos no *Livro tibetano do viver e do morrer*, no qual Sogyal Rinpoche conta sobre a passagem de seu mestre, e que eu não consegui terminar de ler tamanha era a minha emoção. Agora era a minha vez, e era meu dever agir como um guerreiro, como ele havia me ensinado e com o exemplo que dava. Como um nobre Mestre, Léo caminhou cada passo desse processo com consciência e compaixão. Contribuiu com grandes ensinamentos e exercitou toda a sua prática. Nos últimos dias em que ele este esteve encarnado, enquanto eu segurava sua mão, senti como nunca o desejo de escrever toda esta história. Sem dizer qualquer palavra, ele continuava a me motivar para o propósito do bem.

Na verdade, esta é apenas parte da história que começou com os questionamentos sobre a morte e o significado mais profundo da vida, percorreu vários quilômetros, muitas experiências, aprendizado, e quando achei que havia encontrado as respostas que procurava, a vida me mostrou que não. Não bastava pensar ou discutir sobre tudo aquilo, era preciso viver o sofrimento mais dolorido que eu pudesse imaginar e, só assim, poderia responder. A resposta estava (está) dentro de mim – posso ouvir Léo fazendo a pergunta que considerava a mais importante, segundo ele seu maior guia: a motivação mais profunda para viver. Eu senti o amor e a compaixão transformar minha dor em motivação – para estar consciente da importância de cada segundo da vida, sendo cada um deles o último. Cada um deles, uma oportunidade única.

A vida dos seres humanos
É como um processo de tecedura.
Terminamos o trabalho
Com delicados fios tecidos do início
ao fim.

Buda

Todos sabem que a motivação
determina as práticas, e que a mente
é o mais importante. Como poderia o
sofrimento não ser útil
àquele que dá assistência com
motivação de ajudar os outros?

Nagarjuna

Referências

CALÇADO, T. – *Doença: sofrimento e vida nas filosofias de Friedrich Nietzsche*. Marília, 2009.

CASTAÑEDA, Carlos. *Viagem a Ixtlan*. Record: Rio de Janeiro, 1997.

DELEUZE, G. *Nietzsche e a filosofia*. Tradução de Antonio M. Magalhães. Porto: Rés, 2001.

GARCÍA, M. G. *Filosofía y dolor*. Madrid: Tecnos, 2006.

GIACCÓIA JÚNIOR, O. *Labirintos da alma: Nietzsche a autossupressão da moral*. Campinas: Editora da Unicamp, 1997.

GONZÁLEZ, G. (Comp.). *Filosofía y dolor*. Madrid: Tecnos, 2006.

GRAHAM, P. *Nietzsche and Asian thought*. Chicago: The University of Chicago, 1991.

GYATSO, T. *Conselhos sobre a morte e como viver uma vida melhor*. Rio de Janeiro: Editora Rocco, 2005.

______. *My Land and My People. Memoirs of the Dalai Lama of Tibet*. New York: McGraw-Hill, 1962.

______. *Bondade, amor e compaixão*. São Paulo: Pensamento, 2006.

KALUPAHANA, D. J. *Mulamadhyamakakarika of Nagarjuna. The Philosophy of the Middle Way*. Delhi: Motilal Banaersidass Publishers, 1976.

______. *Nargajuana: The Philosophy of the Middle Way*.Albany: SUNY, 1986.

KOMITO, David Ross. *Nagarjuna's Seventy Stanzas: a Buddhist psychology of emptiness.* Ithaca: Snow Lion Publications, 1987.

LODOE, Y.G. *Paths and Grounds of Guhyasamaja According to Arya Nagarjuna.* Dharamsala: Library of Tibetan Works and Archives, 1995.

LOPARIC. Z (Org). *A Escola da Kyoto e o perigo da técnica.* São Paulo: DWW Editorial, 2009.

MARTON, S. *Nietzsche: a transvaloração dos valores.* São Paulo: Editora Moderna, 1996.

NAGARJUNA. *A Grinalda Preciosa.* São Paulo: Palas Athena, 1995.

______. *Carta a um amigo.* São Paulo: Palas Athena, 1995.

NIETZSCHE, F. *A Gaia Ciência.* Tradução de Márcio Pugliesi, Edson Bini e Norberto de Paula Lima. São Paulo: Hemus, 1976.

______. *Assim falava Zaratustra.* Tradução de Rubens Rodrigues Torres Filho. In: ______. *Nietzsche. Obras Incompletas.* São Paulo: Abril cultural, 1983[a], p 225-265. Coleção "Os Pensadores".

______. *Ecce Homo. Como alguém se torna o que é.* Tradução de Paulo César de Souza. São Paulo: Companhia das Letras, 1995.

______. *Ecce Homo. In: Nietzsche Obras Incompletas.* Tradução de Rubens R. Torres Filho.

______. *Nietzsche. Obras Incompletas.* São Paulo: Abril cultural, 1983b, p 373-374. Coleção "Os Pensadores".

______. *Humano, demasiado humano.* Tradução de Rubens R. Torres Filho. ______. *Nietzsche. Obras Incompletas.* São Paulo: Abril cultural, 1983b, p 106-151. Coleção "Os Pensadores".

______. *O nascimento da tragédia ou helenismo e pessimismo.* Tradução de J. Guinsburg. São Paulo: Companhia das Letras, 2005.

PEMA, J. *Tibet: my history.*

PENZO, G. O divino como problematicidade. In: *Deus na filosofia do século XX.* São Paulo, Loyola, 1999.

TSERING, D. *Dalai Lama, my son. A mother's history.* Khedroob Thondup, 2000.

TRUNGPA, C. Shambhala. *A trilha sagrada do guerreiro.* São Paulo, Cultrix, 1984.

VIGANÓ, S. *A ideia do sofrimento em Nietzsche.* Ciente Fico, Salvador, v.1, n.3, p 1-17, janeiro-junho 2003

ZIBECHI, A. *Os latino-americanos e o Tibete: harmonia na diversidade*, São Paulo, Palas Athenas, 2011.

Contatos

Camila R.C. Merola - merola.camila@gmail.com
Ana Maria Couto - anamariabcouto@gmail.com
Tamding - tamdingarts@yahoo.com
Tibet Trail Trekking Tour - Tenzin Londen - tibettrail@yahoo.co.in